Caroline Kohlmey

NLP in der sozialen Arbeit

Ein Praxis-Handbuch

Junfermann Verlag • Paderborn

2001

Copyright © Junfermannsche Verlagsbuchhandlung, Paderborn 2001
Textillustrationen: Anne-Katrin Sieber

Alle Rechte vorbehalten.
Das Werk einschließlich aller seiner Teile ist urheberrechtlich geschützt. Jede Verwendung außerhalb der engen Grenzen des Urheberrechtsgesetzes ist ohne Zustimmung des Verlages unzulässig und strafbar. Das gilt insbesondere für Vervielfältigungen, Übersetzungen, Mikroverfilmungen und die Einspeicherung und Verarbeitung in elektronischen Systemen.

Satz: La Corde Noire – Peter Marwitz, Kiel

Die Deutsche Bibliothek – CIP-Einheitsaufnahme
Kohlmey, Caroline:
NLP in der sozialen Arbeit: Ein Praxis-Handbuch / Caroline Kohlmey. – Paderborn: Junfermann, 2001.
    ISBN 3-87387-457-1

ISBN 3-87387-457-1

Inhalt

1.	**Einleitung**	13
1.1	Wieso dieses Buch?	13
1.2	Wieso NLP?	15
1.3	Wieso ist NLP in der sozialen Arbeit nützlich?	18
1.4	Der rote Faden	19
2.	**Wie sieht „soziale Arbeit" heute aus?**	24
2.1	Allgemeiner Einblick	24
2.2	Meine Arbeitssituation	27
2.3	Stellenbeschreibung	28
2.4	Fragebogen für „Sozial-Arbeitende"	32
3.	**Welche Fähigkeiten und Fertigkeiten benötigt man in der sozialen Arbeit?**	35
3.1	Fragebogenauswertung	37
4.	**Grundlagen für die Arbeit im sozialen Bereich**	39
4.1	Wahrnehmung	39
4.2	Selbstschutz/Sich um sich selbst kümmern	45
4.3	Wahrnehmung für sich selbst – eigene Schwächen und Stärken	49
4.4	Die natürlichen Anker für mein Wohlbefinden	50
4.5	Flexibilität	55
5.	**Einführung in das NLP**	59
5.1	Die Geschichte des NLP	59
5.2	Die Grundannahmen des NLP	60
5.3	Die Grundlagen des NLP und ihre Anwendung in der Praxis	63
5.3.1	Rapport	63
5.3.2	Repräsentationssysteme	66
5.3.3	Augenbewegungsmuster	71
5.3.4	Sprachmuster erkennen	74
5.4	Kritische Gedanken zum NLP	79

6. Selbstmanagement 81
6.1 Trainingskoffer – Gedankenmanagement 82
6.1.1 Unsere Sichtweise der Welt bestimmt unser Leben 82
6.1.2 Wie bewerte ich, was um mich herum passiert? 83
6.1.3 Positives Denken: Was ich von mir denke, werde ich 83
6.1.4 „Achte auf deine Gedanken, sie sind der Anfang deiner Tat" 84
6.1.5 Leben ist Veränderung 85
6.1.6 Ich tue etwas für mich und damit für andere 86
6.1.7 Nichts verändert sich, außer ich selbst verändere mich 86
6.1.8 Sich Ziele setzen 86
6.1.9 Sich blamieren können 87

7. Mein persönlicher NLP-Handwerkskoffer 90
7.1 Energiequellen 90
7.1.1 Auftanken 90
7.1.2 Selbstmotivation 92
7.1.3 Professionelles Handeln – Nähe und Distanz 96
7.1.4 Drei Positionen 98
7.1.5 Assoziieren/Dissoziieren 100
7.1.6 Ressourcen 103
7.1.7 Moment of Excellence und andere hilfreiche Anker 104
7.2 Sich in einen guten Zustand bringen 109
7.2.1 Lächeln 109
7.2.2 Energieübungen aus der Kinesiologie 110
7.3 Ziele und Visionen 111
7.3.1 Die Arbeit mit Visionen 111
7.3.2 Meine Ziele und Wünsche 113
7.4 Mein Profil als „Sozial-Arbeitender" 115
7.4.1 Meine Werte in der Arbeit 115
7.4.2 Glaubenssätze 118
7.4.3 Mein Arbeitsprofil 120
7.4.4 Modellieren 122

8. Probleme und Veränderungen 124
8.1 Sich selbst erfüllende Prophezeiungen und wie man sie nutzen kann 125
8.2 Erlernte Hilflosigkeit und wie man sie verlernen kann 129

9. Zuversicht vermitteln – Wie man Probleme anders lösen und Optimismus lehren kann 132

10.	**NLP-Handwerkskoffer für die Arbeit**	136
10.1	Neue Problemlösungsstrategien aus dem NLP	136
10.1.1	Vom Problem zum Ziel	137
10.1.2	Checkliste des Beraters beim Problemlösen	141
10.2	Übungen, um Probleme anders zu lösen	141
10.2.1	Der „Als-ob"-Rahmen	142
10.2.2	Mentorenmodell	143
10.2.3	Meinen eigenen Berater fragen	145
10.3	Tipps für die Gruppen- und Teamarbeit	146
10.3.1	Arbeit mit Raumankern	146
10.3.2	Kreativitätsstrategie für neue Projekte	147
11.	**Das soziale Panorama**	150
12.	**Wünsche/Ausblick**	152

Glossar 155
Übungsverzeichnis 157
Literatur 159
Personen- und Stichwortverzeichnis 162

Für Nina
Für Anne
Für Steffen
Für Jasper

Danke

Mein Dank gilt all den Menschen, die mich unterstützt haben, dieses Buch zu entwickeln und zu schreiben. Dies sind nicht nur die Menschen, die mich im aktuellen Schreibprozess unterstützt haben, sondern auch die Menschen, die mich zu dem haben werden lassen, was ich heute bin. Dies ist zuallererst meine „chaotische" Mutter, die mich als Erste dahin gebracht hat, nicht aufzugeben und immer auch das Positive in allen Situationen zu sehen. Natürlich sind dies auch meine weltbesten Geschwister, Corinna und Till, die immer da sind, wenn man sie braucht.

Besonderer Dank geht auch an meine Freundin Ruthie Bosch in Amerika, von der ich unendlich viel gelernt und mit der ich Situationen erlebt habe, die ich nicht für möglich hielt. Ein ganz lieber Dank geht an meine Freundin Susanne Orthey, die auch immer da ist, wenn man sie braucht und mich mit ihrem Know-how über PR-Arbeit liebevoll und tatkräftig unterstützt hat. Großer Dank geht natürlich an Britt Burger, die mir als Freundin in unserer gemeinsamen NLP-Ausbildung und als eine der ersten Leserinnen eine große Hilfe war.

Viel Spass hat die Arbeit und das gemeinsame Fiebern mit Anne-Katrin Sieber gemacht, die nicht nur die tollen Zeichnungen zu diesem Buch liebevoll malte, sondern mich auch durch ihre weiteren Ideen unterstützte. Dank geht natürlich auch besonders an Silke Zienau, die liebevoll und kritisch meine Entwürfe korrigierte, mich mit ihren Nachfragen oft zum Lachen brachte, und mir gute Anregungen gab. Ein super Dank geht ebenfalls an Axel, der mühsam, aber wie immer ganz selbstverständlich alle Bilder zusammensetzte und einscannte. Mit viel Spass denke ich ebenfalls an die witzigen Fotosessions mit Simmi, Manja und Matthias zurück.

Danken möchte ich all meinen Seminarteilnehmern, die mir die Chance geben, durch sie Neues zu erfahren, zu lernen und zu wachsen. Danken möchte ich auch all meinen lieben, „irren" Jugendlichen, mit denen ich schon so viel Spaß, Ärger, Neugier, Lebensfreude, viel Lachen und Weinen und auch so unendlich viel Vertrauen erlebt habe. Besonderer Dank gilt dem Junfermann-Team, das die Veröffentlichung dieses Buches möglich machte und meine Ideen und Erfahrungen somit einem großen Publikum zugänglich macht.

Mein allergrößter Dank geht natürlich an meinen Lebenspartner Steffen, der mir die Zeit, die Ruhe, die Zuversicht und die Liebe gab, dieses Projekt zu vollenden. Mehr als nur Dank für die Unterstützung, die Ermutigungen, die Freude und den Spaß, den du mit mir geteilt hast. Danke auch besonders an Nina und Anne, die mich immer wieder mit ihrer Lebensfreude, Neugier und Liebe beschenken. ... und Dank an alle drei, dass sie mich in dieser Zeit begleitet haben.

„Just **be** there." – *Ruthie Bosch*

1. Einleitung

1.1 Wieso dieses Buch?

Der Vater eines Jugendlichen kommt in den Jugendclub und unterhält sich einige Zeit mit einem Mitarbeiter. Sein Sohn besucht schon längere Zeit die Einrichtung, nimmt an Gruppenfahrten, an erlebnispädagogischen Aktionen, an Beratungsgesprächen und an Bewerbungstrainings teil. Ganz unverblümt fragt der Vater plötzlich: „Sagen Sie mal, ich seh Sie ja ziemlich häufig hier in dem Club, aber was machen Sie eigentlich hauptberuflich?"

Tja und was machen Sie eigentlich hauptberuflich? Wenn Sie in der sozialen Arbeit tätig sind, ist Ihnen klar, was Sie tagtäglich hauptberuflich machen. Sie wissen dann sehr genau, wann Sie wo wem wieder auf die Füße helfen, wie vielen Menschen Sie Mut machen, wie viele Probleme jeden Tag auf Sie zukommen und wie viele Sie davon lösen. Sie wissen auch, welche Unmenge an Einfällen und Flexibilität Sie in Ihrem Job schon entwickelt haben und dass von außen oft nicht zu sehen ist, wie viel Arbeit und Gedanken hinter all den netten kleinen „Plaudereien" und Gesprächen, Projekten und Aktionen stecken. Ihr Job ist es nämlich, sich hauptberuflich um Menschen zu kümmern.

Soziale Arbeit ist nicht immer ein einfacher Beruf, aber einer, der auch eine Menge Spaß, Verantwortung und viel Neues mit sich bringt. Ein Job, der besonders auch Hoffnung und Zuversicht dort gibt, wo Menschen nicht mehr weiter wissen. Ein Beruf, indem man Menschen ihre Potenziale und Stärken aufzeigen und ihnen deutlich machen kann, was alles in ihnen steckt; meist sind es Dinge, die sie sich selbst nicht zugetraut haben. Es ist also ein Job, der eine Menge eigener Stärke und Kraft benötigt, um auch mit den nicht so schönen Seiten des Lebens fertig zu werden.

Dieses Buch ist für all jene aus dem sozialen Bereich geschrieben, die ihren Job gerne machen oder machen wollen. Ich wende mich an alle Lehrer, Erzieher, Krankenschwestern und Pfleger, an Ärzte, Professoren, Lehrbeauftragte, Familienpfleger, ehrenamtliche Helfer, Telefonseelsorger, Diakone, Theologen, Leiter und Mitarbeiter von sozialen Einrichtungen und Einrichtungen des Strafvollzuges, Sozialarbeiter, Amtsleiter, Jugendstadträte, Bürovorsteher, Dozenten, Gruppenleiter, Seminarleiter, Personalräte, Studenten, Pädagogen usw., die wissen, warum sie diese Arbeit gewählt haben. Ich möchte mich auch besonders an die Berufsanfänger in diesem Bereich wenden, denen dieses Buch eine Hilfe sein soll, um zu entdecken, was sie so alles in der sozialen Arbeit erwarten kann und welche hilfreichen Methoden es gibt.

Dieses Buch soll helfen deutlich zu machen, wie wir „Sozial-Arbeitenden" unsere Arbeit gut und ausdauernd leisten können, so dass wir den Menschen, mit denen wir arbeiten, eine wirkliche Unterstützung sind. Es soll Sie anregen, über Ihre Arbeit nachzudenken und neue Potenziale und Kräfte zu entdecken, die in dieser Arbeit so wichtig sind. Ich möchte Ihnen neues Handwerkszeug an die Hand geben, damit Sie mit viel Spaß und Freude Ihren Beruf ausführen können. Wie können Sie es schaffen, in den Stürmen des Berufsalltags nicht unterzugehen und die Sonnenseiten bewusster zu genießen?

Ich möchte Sie befähigen, sich selbst und andere positiv zu unterstützen. Sie sollen erfahren, wie Sie sich jederzeit in einen guten Zustand bringen können, wenn es gerade mal wieder „heiß" hergeht. Ich möchte, dass Sie diesen Job, den Sie für sich gewählt haben, mit so viel Begeisterung machen können, wie Sie es sich schon immer gewünscht haben.

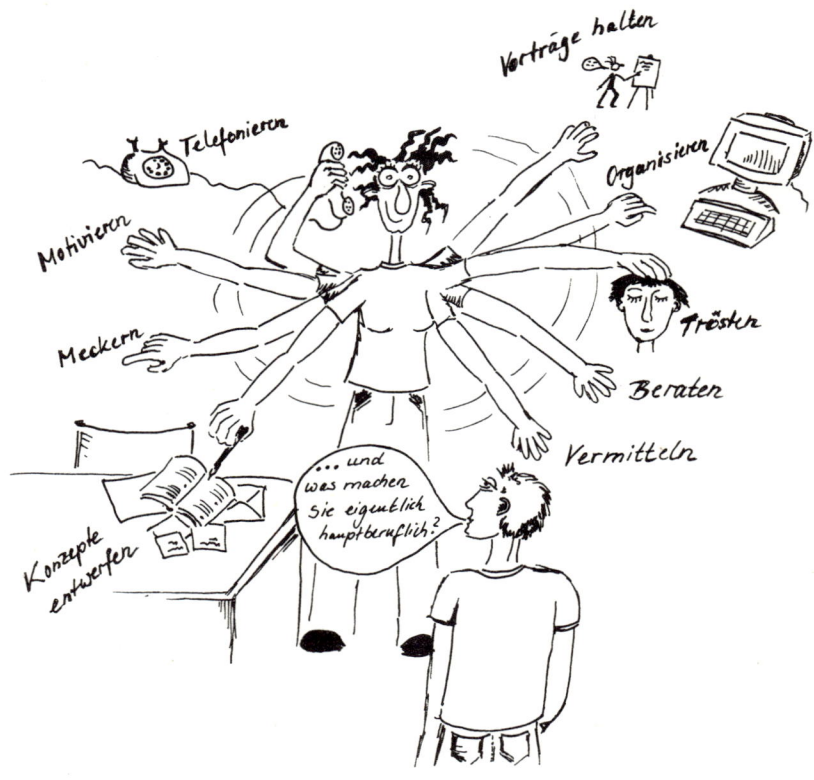

1.2 Wieso NLP?

Seit ich in der sozialen Arbeit tätig bin, suchte ich nach einer Methode, die ihren Blick nach vorne richtet und mit der man gerade in unserem oft auch hektischen Job gut und effektiv eingreifen kann. Ich suchte nach etwas, dass sich mit positiven Lebenseinstellungen, mit der Arbeit an Gedanken und mit Problemlösungen auf eine andere als die herkömmliche Art befasst. Ich wünschte mir eine Methode, die den Körper nicht vergisst und eine ganzheitliche Sicht des Menschen mit einbezieht. Eine Technik, die meine Wahrnehmung noch mehr schult und mich als „Sozial-Arbeitende" in die Lage versetzt, Menschen dahin zu bringen, dass sie wieder an sich selbst glauben können. Eine Möglichkeit, die Menschen dahin bringen kann, das Leben wieder zu genießen.

Im Laufe meiner Recherchen zu einer Doktorarbeit fand ich verschiedene Methoden, die sich auf unterschiedlichste Arten mit Problemlösungen und Gedankenmanagement beschäftigten. So untersuchte ich einige Managertrainingsprogramme und entdeckte hierbei das Neurolinguistische Programmieren (NLP).

Was ist also NLP?

Neurolinguistisches Programmieren ist eine Kurzzeittherapie-Methode. Der Name NLP bedeutet folgendes: *NLP geht davon aus, dass alle unsere Erfahrungen sich* **neurologisch** *in unserem Gehirn wiederfinden lassen, wir diese Erfahrungen und Gedanken durch unsere Sprache* **(linguistisch)** *ausdrücken und diese in einer ganz bestimmten Art und Weise in unserem Gehirn abgespeichert bzw.* **programmiert** *sind. NLP geht davon aus, dass diese Programmierungen in unserem Gehirn verändert werden können, und bietet mit seinen Methoden die Möglichkeit, effektive Veränderungen realisieren zu können.*

Wir in der sozialen Arbeit sind ständig mit Veränderungen, ob gewollt oder ungewollt, konfrontiert. Wir werden um Rat gebeten, um Veränderungen umgehen zu können. Wir sollen helfen, Schwierigkeiten zu lösen. Das Neurolinguistische Programmieren bietet dafür Methoden, die uns in die Lage versetzen, Menschen schnell und effektiv helfen zu können und Knackpunkte genau herauszuarbeiten, ohne gleich in irgendwelche therapeutischen Maßnahmen hineinzugeraten. Die Grundsäulen des NLP machen deutlich, wie gut diese Methode in der sozialen Arbeit genutzt werden kann. Diese Grundsäulen sind: **1. die Wahrnehmung, 2. Ziele, 3. Rapport und 4. der positive innere Zustand.**

Die erste Säule ist die **Wahrnehmung**. Wenn ich mit Menschen arbeiten möchte, ist es wichtig, sie genau verstehen und wahrnehmen zu können. Menschen, die im sozialen Bereich arbeiten, haben gelernt, ihre Wahrnehmung besonders zu schulen, und wissen, dass dies eine der fundamentalen Voraussetzungen für eine erfolgreiche Arbeit ist. NLP schafft es, eine weitere (ganz neue) Dimension entstehen zu lassen, die die Fähigkeit, sich selbst und andere Menschen wahrzunehmen, ungemein verbessert. Mit besonderer Sorgfalt wird einem noch einmal deutlich gemacht, wie unterschiedlich einerseits und wie ähnlich wir andererseits Dinge, Objekte und das Leben empfinden. Möchte ich mit Menschen arbeiten, ist es wichtig, dass ich die Sensibilität und auch das Knowhow entwickele, zu verstehen was sie mir „wirklich" mitteilen wollen. Mit den Methoden des NLP erfährt man, wie man seine Art zu kommunizieren optimieren kann; man lernt Dinge so auszudrücken, dass sie für alle verständlich sind.

Je mehr wir also unsere Schüler, Studenten und Klienten verstehen, je mehr wir auf sie und ihre Besonderheiten eingehen können, desto besser können wir arbeiten. Unsere Kommunikation wird dadurch eindeutig und klar. Wahrnehmung bedeutet genaues Hinhören, Hinsehen und auch Spüren. Eine gute Wahrnehmung ist die Voraussetzung für gute Arbeit.

Die zweite Grundsäule des NLP ist es, **Ziele** zu setzen. NLP verdeutlicht, um wieviel einfacher es wird, wenn man sich Ziele im Leben setzt. Habe ich zum Beispiel Ziele in der Arbeit, laufe ich nicht nur planlos durch die Gegend und komme nirgendwo an, sondern gebe mir und meinem Handeln eine Richtung. Dies bedeutet dann auch, dass ich an einem bestimmten Punkt sehen kann, was ich in meiner Arbeit erreicht habe und welche Erfolge ich bereits hatte. Wenn ich Ziele habe, kann ich in eine bestimmte Richtung losgehen und die Schritte unternehmen, um an meinem Ziel anzukommen.

Ziele werden im NLP auf unterschiedliche Weise genutzt. Zum Beispiel wurde eine (ganz neue) Idee entwickelt, mit Problemen umzugehen. Hier fragt NLP nicht wie herkömmlich nach der Ursache, sondern nach dem Ziel, das hinter dem Problem steckt: Stehe ich vor einem Problem, ist die Frage nach dem Ziel eine Frage, die eine Veränderung des Gedankenganges bewirkt. Normalerweise haben wir gelernt, wenn wir ein Problem haben, über das Problem nachzudenken. NLP geht davon aus, dass das Problem uns auf irgendetwas aufmerksam machen möchte. NLP fragt: *Was möchte das Problem von mir? Wo will es mich hinbringen? Was ist also das Ziel, das hinter dem Problem steckt?*

Diese Fragen revolutionieren nicht nur Ihr eigenes Denken, sondern auch das Ihrer Klienten. Sie werden es an den erstaunten Gesichtern erkennen, wenn Sie nach der positiven Absicht des Problems fragen. Diese Methode macht es möglich, Probleme zu interessanten Herausforderungen werden zu lassen. (Mehr hierzu in Kapitel 10: *„Neue Problemlösungsstrategien"*, Seite 136.)

Rapport benennt den nächsten wichtigen Baustein des NLP. Der Begriff Rapport stammt aus der Hypnosetherapie und bezeichnet hier die intensive Beziehung zwischen dem Therapeuten und dem Klienten. Rapport mit jemandem zu haben heißt, sich in einer Art Gleichklang zu befinden. Das Phänomen des Rapport kann man besonders gut bei frisch Verliebten beobachten. Sie haben meist eine fast synchrone Art sich zu bewegen, zu gehen, zu lachen, und sogar eine ähnliche Stimmlage. Von außen scheint es so, als ob sie wie auf ein unhörbares Kommando dasselbe machen würden.

Zu einigen Menschen entsteht ganz von allein Rapport, da man ähnliche Interessen hat, ähnliche Musik hört und sich sympathisch ist. Hat man Rapport zu einer Person, so hat man selbst das Gefühl, verstanden zu werden. Der andere signalisiert einem, dass er „ähnlich" ist. Ähnlichkeit gibt uns oft das Gefühl von Vertrautheit. Im NLP lernt man über verschiedene Ebenen bewusst Rapport aufzunehmen (Körperhaltung, Stimmlage, Betonung, Bewegung etc.). Indem ich Rapport aufnehme, entwickele ich einen besseren Zugang zu meinem Gegenüber, verstehe ihn besser und verstehe eher, wie es ihm geht. Bewusst Rapport herzustellen, hilft mir in der Beratungsarbeit besonders, wenn ich bemerke, dass ich zu der Person keinen Zugang habe. Nehme ich zum Beispiel die gleiche Körperhaltung wie mein Gegenüber ein, kann ich erfahren, in welchem Zustand sich mein Klient befindet. Indem ich diesen Zustand wahrnehme, kann ich Methoden und Hilfestellungen entwickeln, die der Person entsprechen. Mit Hilfe von Rapport habe ich damit mehr Zugang zu den Menschen, die mir begegnen. (Weitere Erklärungen zum Thema Rapport finden Sie im Kapitel 5: *„Die Grundlagen des NLP"*, Seite 63.)

Der letzte wichtige Baustein des NLP ist der ***positive innere Zustand***. Durch verschiedenste Techniken des NLP lerne ich, wie ich mich in einen guten inneren Zustand zu bringen vermag. Ich erfahre, wie ich diesen Zustand auch halten kann, wenn mal ein Chaos ausbricht. Sich in einen guten Zustand zu bringen ist besonders in unserem Arbeitsalltag wichtig. Wie soll ich gute und effektive Arbeit leisten, wenn es mir selber nicht gut geht? Wie soll ich Menschen Zuversicht vermitteln, wenn ich selber nicht auf meinen Beinen stehe?

NLP bietet eine Menge unterschiedlichster Methoden, wie man zu seinen Kraftquellen wieder Zugang finden kann. Es gibt einem die Chance, 1) ungeahnte Reserven zu entdecken und in den Momenten, 2) wo man sie benötigt, einsetzen zu können. Es bietet die Chance, 3) sich darüber klar zu werden, wie man sich im Alltag besser schützen kann und 4) sich gleich von Anfang an so auszustatten, dass man gut auf seinen Füßen steht. NLP macht deutlich, was in uns steckt und gibt uns die Chance, diese Stärke und Kraft in uns in seiner gesamten Fülle zu genießen und zu nutzen.

> *Zusammenfassung:*
> *Die vier Grundsäulen des NLP sind die genaue Wahrnehmung, die Ziele, die mir helfen, eine Richtung zu finden, der besondere Kontakt (Rapport) zu meinem Gegenüber und der positive innere Zustand, der mich in die Lage versetzt, mein Befinden zu verändern.*

1.3 Wieso ist NLP in der sozialen Arbeit nützlich?

Mein Anliegen ist es, ein Handbuch für die soziale Arbeit vorzulegen, das in der Praxis von Nutzen ist. Es geht mir darum aufzuzeigen, was in der sozialen Arbeit heute passiert, welche Arbeit wir tagtäglich leisten und wie wichtig es ist, dass wir auf uns selbst aufpassen. Was nützen „Sozialarbeiter", die ausgebrannt, genervt, unausgeglichen und ideenlos sind. Was nützen uns Leute, die ihre Arbeit nach wenigen Jahren nicht mehr machen können, da die schlechten Arbeitsverhältnisse oder der zu geringe Selbsterhaltungstrieb sie aufgefressen hat.

Wir brauchen immer mehr Menschen, die genau diese Arbeit machen, da der Bedarf größer wird. „Sozial-Arbeitende" sollten besser ausgebildet werden, damit sie im Arbeitsalltag bestehen können. Sie sollten besonders darin ausgebildet werden, auf sich selbst Acht zu geben. Menschen, die keinen guten Selbstschutz haben, Menschen, die nur anderen Menschen helfen wollen, um sich selbst zu helfen, werden diese Arbeit nicht lange machen können.

Ich wünsche mir, dass in den Ausbildungen zum „Sozial-Arbeitenden" das Gewicht viel mehr darauf gelegt wird, dass die Menschen, die diese Laufbahn einschlagen, sich über ihre guten und schlechten Seiten klar sind, dass sie wissen, wie sie mit sich selbst umgehen müssen, dass ihnen klar ist, was für „Macken" sie haben, damit sie diese nicht in ihrer Arbeit ausleben müssen ... und besonders dann nicht, wenn es sich um die Arbeit mit Kindern und Jugendlichen handelt. Ich wünsche mir, mit diesem Buch die

Menschen stärken zu können, die wissen, warum sie diesen Beruf gewählt haben. Ich wünsche mir, ihnen zeigen zu können, wie hilfreich NLP für unsere soziale Arbeit mit Menschen und auch für uns selbst ist. Außerdem hoffe ich ihnen nahe bringen zu können, wie wichtig es ist, dass wir auf die Menschen Acht geben, mit denen wir arbeiten.

Für die alltägliche Arbeit lehrt einen das NLP, seine Wahrnehmung noch einmal auf eine andere Art zu schärfen und dadurch die Kommunikation zu verbessern. Durch die Sprachmodelle des NLP lernt man in Gesprächen, schneller auf den Punkt zu kommen und die „richtigen" Fragen zu stellen. Beratungsgespräche werden dadurch effektiver und verkürzen sich.

„Das NLP will die Verständigung untereinander fördern, indem es zu verstehen hilft, wie in Menschen Denk-, Lern- und Handlungsprogramme ablaufen." (W. & F. Bachmann: *„Im Team zum Ziel"*. Paderborn 1997, S. 58) Durch NLP lernt man, einen guten gezielten Kontakt zum Gegenüber herzustellen. Die Denkstrukturen meines Gegenübers werden mir deutlicher, wodurch ich ihn besser erreichen kann, so dass er merkt, dass ich ihn verstehe. Seine Potenziale und Stärken kann ich hierdurch einfacher und schneller erkennen und ihn so sinnvoll fördern und unterstützen.

> *Probleme sind für mich in der Arbeit keine unabwendbaren Schwierigkeiten mehr, sondern Lernfelder und Herausforderungen. Ich weiß heute mehr denn je, dass Veränderungen eine Normalität im Leben eines jeden Menschen sind.*

Durch NLP habe ich heute eine Menge mehr Handwerkszeuge an der Hand, die meine alltägliche Arbeit effektiver und zielgerichteter machen, wodurch sie natürlich auch mehr Spaß macht, da ich sehe, was ich durch meine Arbeit erreiche. Dieses Buch soll Ihnen einige Tricks und Tipps zeigen, die unsere Arbeit erleichtern.

1.4 Der rote Faden

In diesem Buch möchte ich herausarbeiten, wie soziale Arbeit heute aussieht. Welchen Problemen und Schwierigkeiten begegnen wir in der Arbeit und wie können wir damit umgehen? Ich möchte Sie anregen, sich über die soziale Arbeit im Allgemeinen und über Ihre eigene berufliche Situation im Speziellen Gedanken zu machen. Im Fragebogen für „Sozial-Arbeitende" ist Ihr Know-how gefragt, welche Fähigkeiten und Fertigkeiten man in der Arbeit benötigt. Was ist wichtig, um diesen Job so gut wie möglich machen zu können?

Eine Einführung ins NLP soll Ihnen die Grundsätze dieser Methode deutlich machen und Ihnen die Hintergründe aufzeigen. Wie ist NLP entstanden, wo liegen die Wurzeln, welche Vorannahmen gibt es und wo sind welche Methoden nützlich? Im Gedankenmanagement-Training geht es um Trainingsprogramme aus dem Managerbereich, die auch in der sozialen Arbeit hilfreich sind. *„Mein persönlicher NLP-Handwerkskoffer"* (S. 90ff.) bietet Ihnen Tricks und Techniken des NLP, die Sie für sich und Ihre Klientel anwenden können. Hier können Sie interessante Techniken für sich entdecken, um sich selbst und andere wieder in einen guten Zustand zu bringen. Wie Sie gute Zustände dauerhaft halten können, erfahren Sie im Kapitel über Anker. Das Kapitel *„Mein Profil als Sozial-Arbeitender"* (S. 115ff.) versucht, sich damit auseinander zu setzen, was für ein Bild ich von mir in der Arbeit habe und wie ich es ändern kann. Im Kapitel *„Probleme und Veränderungen"* (S. 124ff.) geht es darum, wie Veränderung möglich werden kann und welchen grundsätzlichen Schwierigkeiten wir manchmal gegenüberstehen. Im Kapitel *„NLP-Handwerkskoffer für die Arbeit"* (S. 136ff.) geht es noch einmal um weitere Methoden, die in der Praxis nützlich sind. Neben den neuen Problemlösungsstrategien wird aufgezeigt, wie man mit Schwierigkeiten anders umgehen und Zuversicht aussenden kann. Hier werden einige Techniken erläutert, die sich in der Arbeit bewährt haben. Kreative Ideen, wie die Walt-Disney-Strategie, für die Team- und Gruppenarbeit folgen auf den nächsten Seiten. Im Kapitel *„Das soziale Panorama"* (S. 150ff.) stelle ich Ihnen abschließend neueste Ideen aus der NLP-Forschung vor und gebe einen Ausblick dahin, wo man NLP noch überall nutzen kann.

Ich wünsche mir, dass dieses Buch hilft, deutlich zu machen, wie wir unsere Arbeit gut und ausdauernd leisten können, so dass wir den Menschen, mit denen wir arbeiten, eine wirkliche Unterstützung sind. Es soll Sie anregen, über sich und Ihre Arbeit nachzudenken und neue Potenziale und Kräfte zu entdecken, die in diesem Beruf so wichtig sind. Ich wünsche mir, dass wir als „Sozial-Arbeitende" dazu beitragen können, dass Menschen wieder hoffnungsvoller werden und dass wir es schaffen, die Zuversicht auszusenden, dass Veränderung möglich ist. Ich wünsche mir, dass wir unserer Klientel zeigen, dass sie es schaffen können und sie ihr Leben mit so viel Spaß und Freude leben können, wie sie es sich schon immer gewünscht haben.

Dieses Buch soll Ihnen nicht nur nette Tipps für die Arbeit geben. Es will Sie auch animieren mitzumachen. Wenn Sie die praktischen Übungen für sich machen, werden Sie erfahren, wie sinnvoll sie in der Arbeit mit der Klientel sein können. Dieses Buch soll für Sie sein, soll Ihr Wohlbefinden steigern und Ihnen aufzeigen, wie Ihre Arbeit produktiv und sinnvoll sein kann und Spaß macht. Dieses Buch soll dazu beitragen, einfach und verständlich darzulegen, wie die Theorie des NLP in der Praxis angewendet werden kann.

Ich wünsche Ihnen viel Spaß beim Lesen.

Lesehinweise

In diesem Buch werde ich den Begriff „Sozial-Arbeitender" verwenden, damit meine ich alle Menschen, die im sozialen Bereich oder in irgendeinem anderen Zusammenhang mit Menschen arbeiten. Die Menschen, mit denen wir arbeiten, werde ich der Einfachheit halber mit dem Wort „Klientel" beschreiben. Diese vereinfachte Schreibweise gilt auch für den „sozialen Bereich", der jeweils die verschiedenen Institutionen meint, in denen soziale Arbeit stattfindet. Ich wende außerdem die herkömmliche Schreibweise an und möchte alle bitten, daran zu denken, dass mit dem „Sozial-Arbeitenden" natürlich auch „die Sozial-Arbeitende" gemeint ist.

Informationen zu den Übungen

Dieses Buch enthält Übungen, die Sie für sich selbst und für die Arbeit mit Ihrer Klientel nutzen können. Um die Übungen für Sie überschaubar und leicht anwendbar zu gestalten, finden Sie Zeichnungen, die die wesentlichen Informationen enthalten.

Wo tanke ich auf?

Wenn Sie die folgenden Symbole in den Zeichnungen entdecken, bedeutet es:

Gruppengröße: Diese Übung können Sie

➤  alleine

➤  zu zweit (in der Beratungsarbeit)

➤  oder mit einer Gruppe machen.

Zeit:

Eine Uhr unter der Zeichnung zeigt Ihnen an, wie lange die Übung dauert.

Material:

Wenn Sie einen Zettel und einen Stift unter dem Bild entdecken, wissen Sie, dass Sie dies für die Übung benötigen.

Wozu kann ich diese Übung im Arbeitsalltag nutzen?

Hier sind Möglichkeiten aufgelistet, wofür die Übungen hilfreich sind und welche Prozesse sie unterstützen können (z.B.):

➤ Bewerbungsgespräche,
➤ Prüfungssituationen,
➤ um aufzutanken.

Die Phantasiereisen (Ort der Ruhe, Moment of Excellence u.a.) in den Übungen können mit leiser **Musik** begleitet werden. Hier einige Musikvorschläge:

➤ Deuter: *Wind & Mountain*. Intuition Musik & Media.

- ▶ Merlin's Magic: *Reiki Musik*. Windpferd Musik.
- ▶ Oreade's Musikalische Traumreise: *Oase der Harmonie und Entspannung*. Das Beste aus dem Oreade Musikkatalog. Bell Records.
- ▶ Sound of Silence 2: *Musik zum Atemholen* (Klassik).

Ein kleiner Trick, falls die Musikstücke zu kurz sind; nehmen Sie sie einfach mehrfach hintereinander auf eine Kassette auf.

Neben diesen Hinweisen ist es noch hilfreich zu wissen, wie Sie ***jemanden gut durch eine Übung führen:***

1. Überlegen Sie sich *vorher*, welches Ziel Sie für sich und welches Sie für Ihren Klienten haben.
2. Wie erkennen Sie, dass Sie dieses Ziel erreicht haben?
3. Bringen Sie sich selber in einen guten Zustand. (Siehe Seite 109)
4. Beginnen Sie die Übung damit, dass Sie sich an die rechte Seite Ihres Klienten begeben.
5. Nehmen Sie Rapport auf. (Siehe Seite 63)
6. Begleiten Sie Ihr Gegenüber vorsichtig und mit Achtsamkeit.
7. Geben Sie Zeit und Ruhe für den Prozess und achten Sie darauf, dass Ihre Klientel ihre Lösungen und Antworten finden kann.
8. Etablieren Sie vor tiefer gehenden Prozessen einen Sicherheitsanker in Form eines „Ortes der Ruhe". (Siehe Seite 107 – Ruhe-Anker)
9. Achten Sie darauf, einen Prozeß achtsam zu beginnen und abzuschließen.
10. Lassen Sie sich Feedback geben und geben Sie Feedback.

2. Wie sieht „soziale Arbeit" heute aus?

2.1 Allgemeiner Einblick

Ein Mann trifft einen Sozialarbeiter an einer Bushaltestelle. Der Mann fragt den Sozialarbeiter sehr höflich: „Entschuldigen Sie, könnten Sie mir vielleicht sagen, wie spät es ist?" Der Sozialarbeiter antwortet sehr nett: „Tut mir Leid, aber ich habe leider keine Uhr." Nach einer kurzen Pause sagt er dann weiter: „Aber gut, dass wir darüber gesprochen haben."

Soziale Arbeit heute ist über den Status, dass man über alles und jedes lange und ausführlich reden muss, hinausgewachsen. Heutzutage werden neue fachliche Methoden ausprobiert, wie produktive Teamarbeit, Zielfindung, lösungsorientiertes Handeln, Organisationsentwicklung, die sich in den übergeordneten Begriffen wie Sozialmanagement wiederfinden lassen. Sozialarbeit ist schon lange von einem Brei des „wie fühlen wir uns denn heute" zu einer fachlichen Wissenschaft und einem qualifizierten Arbeitsfeld geworden.

„Die relative Verarmung eines Drittels unserer Gesellschaft trägt dazu bei, dass schwere soziale und politische Probleme entstehen (wie Ausländerfeindlichkeit, sozialer Unfriede und neofaschistische Ausrichtung bei orientierungs- und perspektivlosen Jugendlichen etc.). Wenn auch soziale Arbeit die gesellschaftlich verursachten Krisenbereiche, wie zum Beispiel Massenarbeitslosigkeit und Wohnungsmangel, nicht direkt beseitigen kann, so muss die professionelle und effektive Bearbeitung ihrer Folgen als Herausforderung und Aufgabe für die Soziale Arbeit angesehen werden." (Gehrmann/Müller: *„Management in sozialen Organisationen"*, S. 13)

> *Da sich die gesamtgesellschaftlichen Verhältnisse merklich verändert haben, leistet soziale Arbeit heute oft Basisarbeit, um ein gutes Miteinander in unserer Gesellschaft möglich zu machen.*

Sozialpolitische Problemfelder sind heute neben der Dauerarbeitslosigkeit auch die steigende Obdachlosigkeit, die mangelnde Integration von ausländischen Mitbürgern, die Ausgrenzung von Minderheiten und der immer wieder aufsteigende Rechtsradikalismus. Perspektivlosigkeit herrscht nicht nur bei der Jugend, sondern auch bei den Erwachsenen. Hinzu kommt eine immer höhere Gewaltbereitschaft, wo es als schick gilt, wenn man in einer Gruppe mit Baseballschlägern bewaffnet auf Schwächere losgeht. Menschenwürde und die Achtung des Lebens einer anderen Person sind zu Worthülsen geworden. Die Vermittlung sozialen Verhaltens und sozialer Kompetenzen ist heute immer öfter Arbeitsschwerpunkt im pädagogischen Bereich. Einfachste Verhaltensregeln in einer Gruppe müssen meist mühsam erlernt werden. Die Arbeit mit Gruppen bedeutet nicht mehr nur die Bearbeitung bestimmter Themengebiete, sondern muss oft erst einmal Grundlagen sozialen Verhaltens vermitteln. Die soziale Arbeit beschäftigt sich somit mit Problemfeldern, die früher nicht als solche galten. Um diese neuen Aufgaben zu bewältigen, werden jedoch keine weiteren Stellen geschaffen.

Die Sparhaushalte der Bundesländer treffen stattdessen häufig die sozialen Dienste. Durch die finanziellen Miseren, die Stellenstreichungen, Arbeitslosigkeit wird es schwieriger, eine qualitativ gute soziale Arbeit zu machen. Ärzte haben zum Beispiel nur noch wenige Minuten, um die Krankheitsursachen ihrer Patienten zu diagnostizieren, Sozialarbeiter müssen in ihren Einrichtungen mit immer „schwierigerer" Klientel umgehen, Lehrer renovieren ihre Klassenräume in Eigenregie und putzen sie, da die Gelder fehlen. So kommen wir dahin, dass durch Stellenkürzungen weniger „Sozial-Arbeitende" mit weniger Geld qualitativ hochwertigere Arbeit in kürzerer Zeit leisten müssen als früher.

Heute gibt es leider weniger Rückhalt und Unterstützung in der Arbeit, doch sollen wir mehr Kontinuität bieten und aufgrund der Arbeitslage eine größere Flexibilität haben. Die reale Situation ist, dass in dieser Arbeit einige Menschen tätig sind mit schlechten oder keinen Qualifikationen oder Ausgebildete, denen das ganz normale Rüstzeug für die Arbeit mit Menschen fehlt. Dem steht entgegen, dass die Probleme der Klienten aber zunehmen und vielschichtiger sind und die fachlichen Anforderungen höher werden.

Wir können in der sozialen Arbeit nicht die Probleme und Krisen, die gesamtgesellschaftlich entstehen, beheben, dazu wird am sozialen Bereich auch viel zu schnell der Rotstift angesetzt. Mühsam aufgebaute Arbeit wird eingerissen, bis plötzlich wieder Kinder und Jugendliche randalieren, Amok laufen oder sonstige spektakuläre Aktionen passieren, wo sich dann wieder viele Politiker betroffen ans Revers greifen und einen Sondertopf zur Beseitigung von Rechtsradikalismus oder „was auch immer" entstehen lassen.

In der sozialen Arbeit erleben wir es leider immer wieder, dass von einigen Politikern die Kontinuität der Arbeit nicht als eine der wichtigsten Voraussetzungen angesehen wird und mühsam aufgebaute Kontakte und Verbindungen schnell wieder abbrechen, da Projekte aus Geldmangel nicht mehr gefördert werden können. Was dies für die Arbeit bedeutet, davon weiß jeder „Sozial-Arbeitende" ein Lied zu singen. Wie schwer es dann auch wieder ist, der Klientel zu erklären, warum Maßnahmen gestrichen werden, gerade wenn die Arbeit gut läuft, ist ein weiteres Problem. Natürlich wissen auch wir, dass überall Einsparungen hingenommen werden müssen. Doch wo bleibt die Sinnhaftigkeit, wenn man schon im Vorfeld voraussagen kann, dass dort, wo eingespart wird, z.B. Jugendkriminalität und Gewalt ansteigen werden.

Wie können wir in dieser Lage noch gut arbeiten, wie und wo müssen wir Prioritäten setzen und wie können wir unsere Arbeitskraft erhalten? Wie können wir neue, andere Wege finden, um unsere Arbeit trotzdem gut machen zu können? Wie können wir also unsere Arbeit so gestalten, dass sie uns trotzdem Spaß und Freude macht?

Trotz oder gerade wegen der gesamtgesellschaftlichen Miseren ist es besonders wichtig, dass wir unsere Arbeit gut machen. Unser Arbeitsbereich wird vielfältiger, da auch die Probleme vielschichtiger sind. Wenn wir uns für diesen Arbeitsbereich entschieden haben, dann heißt dies für uns, uns genauer darüber klar zu werden, wo wir persönlich mit unserer Energie und unserer Arbeitskraft hin wollen. Wie kann ich meine Zeit so gut und so effizient nutzen, dass ich meine Arbeit noch leisten kann? Hier ist es elementar wichtig, dass ich für mich lerne, wo meine Stärken und wo meine Schwächen liegen. Wie kann ich mich aufbauen in einer Zeit, in der kontinuierlich immer mehr von mir als „Sozial-Arbeitenden" erwartet wird?

> *Wie kann ich neue Ideen bekommen, meine Arbeit anders zu machen? Wie kann ich trotz dieser Situation meine Arbeit noch so machen, dass ich an der Arbeit Freude habe und das erreicht wird, was ich erreichen möchte?*

Das Allerwichtigste ist, dass ich mit meinen Ressourcen zu haushalten lerne. Wo sind meine Grenzen? Woran bemerke ich, dass ich an eine Grenze gekommen bin? Wie kann ich mich dann aufbauen, wenn ich schon über meine Grenzen hinausgegangen bin? Wie kann ich mich für meine Klientel wieder arbeitsfähig machen? Wie komme ich an meine verborgenen Kraftreserven und wie gelingt es mir, noch besser auf mich zu achten? Denn wem nützt ein „Sozial-Arbeitender", der vollkommen ausgelaugt und ausgebrannt ist?

Ich lade Sie ein, Ihre Kraftreserven für sich zu entdecken. Ich möchte Sie ermuntern, für sich und für andere Ihre Reserven und Ressourcen auszupacken. Ich wünsche mir, dass Sie erfahren, was alles in Ihnen steckt und wie Sie andere Menschen unterstützen können, deren eigene Stärken und Talente zu entdecken. Um die Potenziale in uns und in anderen zu entdecken, beginnen wir damit, uns erst einmal unsere jetzige Situation zu betrachten. Beginnen wollen wir die Betrachtung mit einer Analyse des Ist-Zustandes in unserem Arbeitsbereich. Es ist wichtig, erst einmal auf die positiven und negativen Seiten der Arbeit zu schauen, um dann nachher genau an den richtigen Punkten ansetzen zu können, um Verbesserungen zu bewirken. (Falls Sie z.Z. keinen festen Job haben, können Sie auch Ihre letzte Arbeitssituation noch einmal unter die Lupe nehmen, um herauszufinden, was in der Situation gut war und was gefehlt hat. Hierdurch haben Sie die Chance, es beim nächsten Mal anders zu machen oder bei Ihrer nächsten Einstellung auf die fehlenden Bedingungen besonders zu achten.)

2.2 Meine Arbeitssituation

Lassen Sie uns mit einer Analyse Ihrer jetzigen Situation beginnen:
In welchem Bereich arbeiten Sie? _____

Wie lange sind Sie schon in diesem Bereich tätig? _____ Jahre.

Für welche Tätigkeit sind Sie angestellt? (Welche Tätigkeit üben Sie real aus?) Ich bin angestellt als _____

Ich habe eine Ausbildung als _____

Wie sieht Ihre Arbeit zur Zeit aus? Meine Tätigkeit beinhaltet Folgendes: _____

(z.B. Gruppenarbeit, Vorträge, konzeptionelle Arbeiten, Beratungsgespräche, pflegerische Arbeiten usw.)

Da wir eine Analyse der jetzigen Situation machen möchten, bitte ich Sie, sich einmal darauf zu konzentrieren, wie Sie Ihre Arbeitssituation beurteilen würden: Welche Mängel und welche positiven Aspekte lassen sich in Ihrer Arbeitssituation finden?

Positiv an meiner Arbeit ist:

Negativ an meiner Arbeit ist:

Was überfordert mich bei meiner Arbeit?

Was unterfordert mich?

Besonders gerne mache ich folgende Arbeiten:

Eventuell haben Sie bei dieser Zustandsbeschreibung ein Problem entdeckt. Formulieren Sie das Problem in einem Satz und schreiben Sie es auf einen Zettel. Legen Sie diesen Zettel in die Buchseite 137 des Kapitels 10: *„Vom Problem zum Ziel"*. Hier wird das Problem später weiter bearbeitet.

2.3 Stellenbeschreibung, oder wie sieht meine Arbeit real aus?

Erinnern Sie sich einmal daran, wann Sie das letzte Mal eine Stellenannonce angeschaut haben. Sie kennen alle die netten Ankündigungstexte, die eine neue Arbeitsstelle beschreiben.

Stellenannoncen

Sozialarb.-/päd. gesucht. Unbefristete Stelle, 75% RAZ n. BAT, für unser junges Soz.-Arb.-Team suchen wir eine männliche Ergänzung mit Kirchenzugehörigkeit. Wir bieten eine abwechslungsreiche Tätigkeit in der aufsuchenden und projektbezogenen Jugendarbeit, d.h. gewünscht sind Eigeninitiative und Kooperationsbereitschaft. Bew. bis zum .... an ....

Krankenhaus XYZ – zum nächstmöglichen Termin ist die Position der **Pflegedienstleitung** zu besetzen.

Wir wünschen uns eine engagierte, verantwortungsbewusste und fachkompetente Persönlichkeit mit Führungsqualitäten und Organisationstalent. Sie sollte die menschliche, dem Patienten zugewandte Atmosphäre und Konzeption des Hauses mittragen.

Wir bieten:

- gutes Arbeitsklima
- achtvolle und kollegiale Zusammenarbeit
- Qualitätsmanagement
- interne Fortbildungen
- Wohnmöglichkeit

Das Institut XYZ führt Bildungsmaßnahmen im Auftrag des Arbeitsamtes durch. Für .... 2001 suchen wir eine **SEMINARLEITUNG** für die Durchführung eines 8-monatigen Lehrganges zur beruflichen Integration arbeitsloser Erwachsener. Arbeitsschwerpunkte sind: TN-Begleitung, Firmenakquise und Beratung sowie Unterrichtstätigkeit. Eigener PKW erforderlich. Bewerbungen an ....

Pädagogische/n MitarbeiterIn für eine heilpädagogische Gruppe (Erzieherin, Sozialpädagogin, Heilpädagogin) gesucht.

Wir erwarten:

- hohes Engagement
- Berufserfahrung in der Heimerziehung
- persönliche fachliche Kompetenz
- Teamfähigkeit

> - Bereitschaft zum Schicht-/Wochenenddienst sowie zu Nachtbereitschaften
>
> *Wir bieten:*
> - verantwortungsvolle, abwechslungsreiche Arbeit
> - ein aufgeschlossenes, engagiertes Team
> - viel Raum und Entfaltung in der pädagogischen Arbeit
> - externe Supervision und Fortbildungen
> - Wohnmöglichkeit in einem Appartement
> - Einbindung in einen interdisziplinären Rahmen mit ganzheitlicher Konzeption
>
> Ihre ausführliche Bewerbung richten Sie bitte an: ....

> **Facharzt/Fachärztin für Kinder- und Jugendpsychiatrie**
>
> Der Aufgabenbereich ist der Abteilung Öffentliches Gesundheitswesen zugeordnet. Die Tätigkeit umfasst im Wesentlichen die Begutachtung seelisch behinderter oder von Behinderung bedrohter Kinder- und Jugendlicher im Rahmen der Hilfen zur Eingliederung und zur Erziehung für das Kreisjugendamt.
>
> Bewerbungen bitte an: ....

Diese Stellenbeschreibungen sagen uns eine Menge darüber, was in unserem Bereich so alles erwartet wird. Interessant ist hier, welche Dinge in den Stellenausschreibungen nicht stehen und wo wir als „Sozial-Arbeitende" schon wissen, was eine bestimmte Formulierung bedeuten kann. So oder ähnlich wird eventuell auch Ihre Arbeitsstelle in einer Zeitschrift oder Tageszeitung annonciert worden sein. Was hat Sie damals bewegt, diese Arbeit anzunehmen? Wissen Sie es noch? Ich habe damals die Arbeitsstelle angenommen, da ich _____

_____

Wenn Ihre Arbeitsstelle heute in einer Zeitung annonciert wäre, was würden Sie noch ergänzen? Schreiben Sie Ihre eigene Stellenausschreibung (falls Sie Berufsanfänger oder arbeitslos sind, dann schreiben Sie eine Stellenausschreibung für einen Job, den Sie sich wünschen):

Stellenausschreibung:

Gesucht wird ein **„Sozial-Arbeitender"** in der Tätigkeit als

Zum Beispiel:

Gesucht wird eine **„Sozial-Arbeiterin"**, die ein hohes Maß an Flexibilität und Toleranz besitzt, die jederzeit in der Lage ist, von einem Moment auf den anderen neue Pläne und Ideen zu entwickeln und vorher gut durchdachte Planungen zu verwerfen. Gesucht wird außerdem eine Person, die trotz des Stresses in der Lage ist, über sich selbst und die Situationen lachen zu können. Wir suchen jemanden, der lebendig ist, Menschen Mut geben und im entscheidenden Moment ruhig sein kann oder auch losspringt, wenn es die Situation erfordert.

Der „Sozial-Arbeitende" sollte teamfähig sein, Konflikte benennen und auch Kritik einstecken können. Die Person sollte wissen, was sie in der Arbeit will und den Kopf frei haben für die Klientel. Am allerwichtigsten ist, dass die Person sich gut abgrenzen kann und in der Lage ist, sich selbst jederzeit aufzubauen. Ein guter Selbstschutz ist eine Grundvorraussetzung für die Arbeit. Die Bewerberin sollte Ärger abstreifen können. Der Klientel sollte sie vermitteln können, dass das Leben Spaß macht. Sie sollte Zuversicht ausstrahlen und die Menschen anregen, dass sie das Leben leben können, welches sie sich gewünscht haben.

Schauen Sie sich Ihre heutige Stellenausschreibung noch einmal an. Was sind für Sie heute die wesentlichen Anforderungsmerkmale, die Sie dadurch, dass Sie Ihren Betrieb näher kennen, jetzt sehen können.

Das Wichtigste, um meine tagtägliche Arbeit gut machen zu können, ist:

Lassen Sie uns jetzt einfach noch einmal darüber nachdenken, welche Fähigkeiten und Fertigkeiten heute in der Arbeit benötigt werden. Dies ist ein Punkt, der in den Ausbildungen oft vergessen wird. Was brauche ich eigentlich vor Ort, um meine Arbeit gut machen zu können?

2.4 Fragebogen für „Sozial-Arbeitende"

Was würden Sie antworten, wenn Ihnen jemand folgende Fragen zu Ihrem Beruf als „Sozial-Arbeitender" stellen würde?

1. Was sind die fünf wichtigsten *persönlichen* Fähigkeiten, die ich benötige, um diese Arbeit machen zu können?

   a) ....
   b) ....
   c) ....
   d) ....
   e) ....

2. Was sind die fünf wichtigsten *fachlichen* Fähigkeiten, die ich benötige, um diese Arbeit gut machen zu können?

   a) ....
   b) ....
   c) ....

d)

e)

3. Was würden Sie einem Berufsanfänger sagen, welches für Sie die grundlegendsten Fähigkeiten sind, die ein Sozialarbeiter benötigt?

   a)

   b)

   c)

   d)

   e)

4. Welche Fähigkeiten würden Sie sich persönlich für Ihre Arbeit wünschen, um sie noch besser machen zu können?

   a)

   b)

   c)

5. Was sollte ich im Umgang mit Menschen beherrschen?

   Ich sollte

6. Was war für Sie das Wichtigste, was Sie in Ihrer beruflichen Laufbahn gelernt haben, um Ihre Arbeit gut machen zu können?

   Ich habe gelernt

7. Welche Ausbildung benötige ich, um diesen Beruf ausüben zu können?

8. Welche Zusatzqualifikationen benötige ich?

9. Welche Erfahrungen sollte ich als Mensch schon gemacht haben, um diesen Beruf ausüben zu können?

10. Was für ein Mensch sollte ich sein, um mit diesem Beruf leben zu können?

> ***Zusammenfassung:***
> *In der sozialen Arbeit leisten wir heute oft Basisarbeit, um ein Miteinander in dieser Gesellschaft möglich zu machen. Durch die sozialpolitische Situation und ihre Auswirkungen auf die Menschen, werden die Anforderungen an „Sozial-Arbeitende" höher. Um bestehen zu können gilt es, die eigenen Stärken, Fähigkeiten und Talente zu entdecken.*

3. Welche Fähigkeiten und Fertigkeiten benötigt man in der sozialen Arbeit?

Jeder „Sozial-Arbeitende" hat seine Ideen und Erfahrungen, welche Fähigkeiten er benötigt, um diese Arbeit machen zu können. Ihre wichtigsten Voraussetzungen haben Sie in dem obigen Fragebogen aufgeführt. Jeder Mensch wird andere Gewichtungen haben, und wahrscheinlich wissen Sie auch selber genau, warum Ihnen gerade diese Dinge in der Arbeit besonders wichtig sind. Andere Menschen, die Sie zum Beispiel an Ihrem Arbeitsplatz umgeben, setzen andersartige Schwerpunkte. Im *Berufsinformationshandbuch* fand ich folgende offizielle Liste der Fähigkeiten, die im sozialen Bereich benötigt werden. Vielleicht sind einige Dinge dabei, die für Ihre Arbeit nicht relevant sind, vielleicht gibt es auch einige, die Sie vergessen haben, weil die für Sie ganz selbstverständlich dazugehören.

Als Erstes möchte ich Ihnen aber einige Definitionen von **„Sozialarbeit"** zeigen. Ich möchte diese Definitionen exemplarisch benutzen. Sie beschreiben einen Teil der sozialen Arbeit.

Sozialarbeit:

Sie befasst sich sowohl mit den Entfaltungsmöglichkeiten des Menschen als auch mit den Hindernissen, die der Verwirklichung dieser Fähigkeiten im Wege stehen. Sozialarbeiter werden tätig, wenn Menschen in eine Belastungssituation geraten sind oder zu geraten drohen, d.h. .... (*„Fachlexikon der Sozialen Arbeit"*, S. 673)

Im „*Berufsinformationshandbuch*" für Berufsanfänger lässt sich z.B. zum Beruf des **Sozialarbeiters** Folgendes nachlesen: „Sie helfen mit, soziale Probleme einzelner Mitglieder unsere Gesellschaft zu lösen. ... In Jugend-, Familien- und Altenhilfe haben sie beispielsweise die Aufgabe, Menschen in Konfliktsituationen insbesondere durch Beratung und durch Bereitstellung von Hilfen in die Lage zu versetzen, sich wieder selbst zu helfen. ..." (*„Berufsinformationshandbuch"*, S. 368)

> *Menschen, die im sozialen Bereich arbeiten, sind Problemlöser. „Sozial-Arbeitende" haben gelernt, ihr Augenmerk auf die Schwierigkeiten von anderen zu richten. Wir diskutieren Ursachen, fragen nach, analysieren und versuchen Lösungen zu finden. Wir haben viel zu tun, viele Fragen zu klären, viele Bedürfnisse zu befriedigen.*

Unsere Arbeitsgebiete sind unter anderem:

- Familienfürsorge
- Jugendfürsorge
- Sozialfürsorge
- Gesundheitshilfe
- Altenhilfe
- Beratungshilfe
- Suchthilfe
- psychiatrische Sozialarbeit
- Randgruppenarbeit
- Bildungsarbeit
- Heimerziehung
- Jugendpflege
- Erwachsenenbildung

Ein „Sozial-Arbeitender" hat folgende *Aufgaben*:

- beraten/begutachten
- lehren, erziehen, ausbilden
- pflegen, betreuen, helfen
- organisieren, koordinieren
- verhandeln, vermitteln
- Gesetze, Vorschriften anwenden, auslegen, beurkunden
- verwalten
- analysieren
- überwachen, kontrollieren, anleiten
- werben, repräsentieren, Öffentlichkeitsarbeit betreiben
- dokumentieren, informieren
- entwickeln, projektieren
- experimentieren
- sichern, bewahren, in Ordnung halten
- beschaffen, einkaufen
- künstlerisch oder gestalterisch tätig sein
- forschen
- berechnen, kalkulieren, vermessen

Welche Fähigkeiten benötigt man in der sozialen Arbeit? • 37

- ➤ dolmetschen, übersetzen, korrespondieren
- ➤ instand setzen, reparieren, restaurieren
- ➤ konstruieren, zeichnen, konzipieren
- ➤ verkaufen, verteilen
- ➤ programmieren

Dies sind die 27 Aufgabenbereiche sozialer Berufe (Sozialarbeiter, Erzieher, Heimleiter, Sozialpädagogen). Laut Statistik machen das Beraten und Begutachten 85% unserer Arbeit aus. Nur 5% unserer Arbeitszeit verbringen wir mit den am Ende genannten Tätigkeiten, wie verkaufen, verteilen und programmieren. Dies sind die offiziellen Arbeitsaufgaben und ihre statistische Bewertung. Welche Voraussetzungen für die soziale Arbeit 52 Personen aus dem sozialen Bereich auf dem Fragebogen von Seite 32 nannten, können Sie hier lesen.

3.1 Fragebogenauswertung

Den Fragebogen für den „Sozial-Arbeitenden" habe ich insgesamt 52 Personen aus dem sozialen Bereich vorgelegt. Unter den Befragten befanden sich: Erzieher, Diplom-Pädagogen, Sozialarbeiter, Lehrer, Kindergärtnerinnen, Krankenschwestern, Ärzte, Professoren, Psychologen und Kommunikationstrainer. Ich wollte wissen, ob es Übereinstimmungen gibt, die als gute Voraussetzungen dafür gesehen werden, um soziale Arbeit machen zu können. Folgendes Ergebnis entstand:

Eine häufige Antwort als Voraussetzung für die Arbeit war das ehrliche Interesse an Menschen. Weiterhin wurde genannt, das Verhalten von Menschen und ihre Art, mit Schwierigkeiten umzugehen, zu verstehen. Hinzu kamen Offenheit, besonders auch für Andersartigkeit, und auch Akzeptanz eines nicht Verstehens bei sich selbst und bei anderen.

Von den 52 Befragten antworteten 38, dass für sie eine der sechs wichtigen Voraussetzungen und Fähigkeiten sei,

1. **einen guten Selbstschutz zu haben.** Sie benannten dies mit Aussagen wie: ein dickes Fell zu haben, auf sich aufpassen zu können, auf sich achten zu können, sich Dinge nicht zu nahe gehen lassen, seine Mitte zu haben, sich abgrenzen zu können, auf sich selbst aufpassen zu können, sich selbst zu kennen und zu achten.
2. 34 Befragte antworten, dass ihnen die **„Wahrnehmung"** besonders wichtig sei und eine der wichtigsten Voraussetzungen, um diese Arbeit machen zu können.
3. 21 Personen benannten die **Fähigkeit, Probleme zu lösen**, als wichtigen Faktor.

4. Mit 18 Nennungen folgte die Fähigkeit, **flexibel zu sein**. Dies bezog sich auf Projektentwicklungen, die tägliche Arbeit, Konzeptentwicklungen, Gespräche, etc.
5. Als Nächstes folgten die **Offenheit** und die **Toleranz** für Andersdenkende.
6. Dann folgten **Ideenreichtum, Interesse an Menschen, die Fähigkeit, Dinge nicht so ernst zu nehmen, über Situationen lachen können, eine gute Portion Optimismus, Zuversicht vermitteln können, Fröhlichkeit, Motivation, Selbstmotivation etc.**

Zusammenfassung:

Die Anforderungen an „Sozial-Arbeitende" sind vielschichtig und erfordern neben den Persönlichkeitsmerkmalen einen guten Selbstschutz, eine geschulte Wahrnehmung, die Fähigkeit, Probleme zu lösen, Flexibilität, Offenheit, Toleranz, Interesse an Menschen, eine gute Portion Optimismus, Zuversicht und die Fähigkeit, lachen zu können.

4. Grundlagen für die Arbeit im sozialen Bereich

„Wer mit anderen Menschen umgeht, sie zu etwas führen will, sie fordert und fördern möchte, wird viele Wege suchen, wie das am besten geht. Aber nicht nur der beste Weg ist zu suchen, sondern der angemessene, der dem eigenen Menschenbild entsprechende. „Wer das Ziel nicht kennt, wird den Weg nicht finden. ... Wer selbst keine Mitte hat, kann andere nicht dazu anregen, aus einer Mitte heraus zu leben und zu handeln." (A. Müller-Schöll: *„Sozialmanagement"*, S. 22)

4.1 Wahrnehmung

Eines unserer wichtigsten Instrumente in der Arbeit ist unsere Wahrnehmung. Doch was bedeutet Wahrnehmung eigentlich?

Die Wahrnehmung „ist u.a. als komplexer innerer Prozess der bewussten Reizverarbeitung definiert. Weit mehr als die sprichwörtlichen fünf Sinne versorgen den Menschen mit Informationen über seine Umgebung, seinen Körper, dessen Stellung und Lage: Geruchssinn, Gehör, Gesichtssinn, Geschmackssinn, Tastsinn, Temperatursinn, Schmerzsinn, Lagesinn, Stellungssinn und Kraftsinn. ... Die entscheidende und ausschlaggebende Rolle für die Wahrnehmung spielen seelische Bedingungen und Gesetzmäßigkeiten. Will man das Handeln anderer verstehen, reicht folglich die Kenntnis objektiver Bedingungen nicht aus, man muss auch wissen, in welcher anschaulichen Weise sie sich erleben, auf die sie mit ihrem Handeln antworten und einwirken. ... Die Auswahl des Wahrgenommenen wird außerdem von den Erfahrungen, Interessen, Wünschen, Bedürfnissen, Abneigungen und Wertmaßstäben des Wahrnehmenden, ja sogar von den Konventionen seines sozialen Milieus beeinflusst und mitbestimmt." (*„Fachlexikon der sozialen Arbeit"*, S. 816)

„In der Regel nutzen wir unsere Wahrnehmung wie selbstverständlich und gehen davon aus, dass andere die Welt so wahrnehmen wie wir. Es gibt jedoch einen Unterschied zwischen der ‚wirklichen' Welt und unserer Erfahrung davon. Jeder konstruiert sich sein eigenes Modell von dieser Welt." (K. Ritschl: *„Der Geist des NLP"*)

Einen Schwerpunkt in der Arbeit mit dem NLP bildet u.a. die Wahrnehmung. NLP geht davon aus, dass jeder seine eigene Art der Wahrnehmung der Wirklichkeit hat. Dem eigenen Wahrnehmungsprozess ist ein Filterungsprozess vorausgegangen.

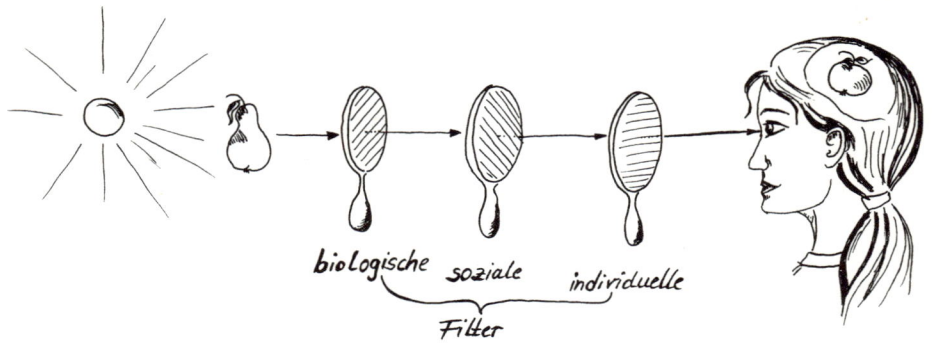

Eine Information geht durch verschiedene Filter, bevor sie uns erreicht.

Der Mensch ist tagtäglich unendlich vielen Reizen ausgesetzt. Damit wir in dieser „reizvollen" Zeit auch genau das aufnehmen können, was wir wollen, hat sich ein System entwickelt, das Reize von uns abhält. Unser Wahrnehmungssystem tilgt und verzerrt einige Umweltreize, damit wir gegen die Reizüberflutung gewappnet sind. Pro Sekunde strömen bis zu 600.000 Informationen auf uns ein. Es ist klar, dass unser Gehirn sich etwas einfallen lassen muss, um mit all diesen Reizen umzugehen. Wir können nicht alle Informationen aufnehmen und filtern deswegen aus, um uns vor Überlastung zu schützen. Im NLP spricht man von drei unterschiedlichen Filtern.

Der **biologische/neurologische Filter** schützt uns vor all den 600.000 Eindrücken und filtert einige Reize heraus, so dass wir in der Lage sind, den Rest zu verarbeiten. Mit dem **sozialen Filter** sortieren wir noch einmal die Informationen mit unserem kulturellen und sprachlichen Hintergrund. Die Eskimos besitzen in ihrer Sprache z.B. 20 Begriffe für Schnee. Für sie ist es wichtig, die genaue Konsistenz von Schnee beschreiben zu können, da sie permanent von Schnee umgeben sind. Wir in Europa benötigen keine 20 Begriffe; so viel Schnee haben wir gar nicht. Je nachdem, wo wir sozialisiert wurden, haben sich unterschiedliche Systeme entwickelt. Durch den **individuellen Filter** sondieren wir die Informationen nach unserer sozialen Herkunft, unserer Familie und unseren bisherigen Erlebnissen und Erfahrungen. Das heißt, bis die Information zu uns durchgedrungen ist, ist sie schon zu etwas anderem geworden, als das, was real da ist. Jeder Mensch hat also seine eigene persönliche Wahrnehmung und so erklären sich auch folgende Phänomene:

Drei Jugendliche sitzen im Offenen Bereich am Tresen und unterhalten sich: „Weißt du noch, wie geil die Londonfahrt war? So 'ne Tour müssten wir noch mal machen", erzählt Sven begeistert. „Ja ej, und wie toll das beim Piccadily Circus war, da dieser coole CD-Laden Tower Records. Da hab ich mir echt 'nen paar irre Scheiben geholt", erinnert sich Benni. „Also ich fand den McDonalds total cool. Echt, die Fritten haben da viel besser geschmeckt als bei uns." „Ej, du immer mit deinem blöden McDonalds. Sag mal, denkst du immer nur ans Fressen, Alter?" Frank kommt gerade vorbei und hört, wie die beiden erzählen. „Weißt du, was ich am coolsten fand, das war der Abend, als wir die in dem Hotel so verarscht haben." Alle drei lachen. „Ja ej, und die haben doch echt geglaubt, dass ‚Hej knutsch mich mal' – Guten Tag heißt." – „Na ja, aber die haben uns auch ganz gut hochgenommen, aber egal, war voll cool." Zwei Mädchen, die auch an der Fahrt teilgenommen hatten, kommen zu der

London war cool!

Gruppe; als sie hören, was die Jungen erzählen, schütteln sie nur den Kopf. „Von wegen das Geilste war das, wo ihr die Leute aus dem Hotel verarscht habt. Das Coolste war der Abend, wo wir in unserem Zimmer gesessen haben und uns über Petras Freund unterhalten haben", erinnert sich Sabine. „Die war echt ganz schön fertig, und weißt du noch, wie eifersüchtig der Typ war. Echt übel. Aber das war total schön, wie wir da in unserem Mädchenzimmer zusammengehockt haben und danach nur rumgealbert haben." „Stimmt, das war toll", erwidert Petra. „Aber weißt du, was ich noch witzig fand, als wir da in dem Shelter für die Obdachlosen waren und deren Zimmer besser aussahen als unsere Hotelzimmer. Selbst

Steffen und Caroline wollten eher da bleiben als in unser übles Hotel zurück", lacht Sabine. „Auf alle Fälle war das ne' total coole Fahrt", erklären die Jungen den Mädchen. „So 'ne Tour sollten wir wirklich noch mal machen, aber es müssen auch die gleichen Leute mitkommen!"

Alle fünf Jugendlichen waren zur selben Zeit in England, alle an demselben Ort, doch für alle waren unterschiedliche Erlebnisse bedeutsam. Jeder hat auf seine Art die Informationen bearbeitet und gefiltert. Würde man nicht wissen, dass alle auf ein und derselben Fahrt waren, würde man denken, sie wären in unterschiedlichen Ländern gewesen.

Kennen Sie nicht auch die Situationen, wo Sie das Gefühl haben, dass die Person, mit der Sie sich unterhalten, überhaupt nichts von dem versteht, wovon Sie gerade reden? In Beratungssituationen bekommen wir dann zum Beispiel das Gefühl, dass wir überhaupt keinen Zugang zu der Person haben. In solchen Situationen merkt man, dass jeder Mensch ein anderes Filtersystem hat.

> *Jeder Mensch hat seine eigene innere Landkarte. Jeder hat alleine schon durch seine Biographie, durch das Land, in dem er geboren worden ist, andere Wertmaßstäbe und andere Prioritäten.*

Diese Idee liegt dem Werk des Sprachphilosophen Alfred Korzybski zugrunde, der davon ausgeht, dass unsere Wahrnehmung nur eine von vielen Wahrnehmungsmöglichkeiten ist. Das, was jemand als Wahrheit bezeichnet, ist nur seine Wahrheit, da sie durch seine Wahrnehmungsfilter gelaufen ist. Für unsere soziale Arbeit heißt dies, die eigene Wahrnehmung für die Wahrnehmung des anderen zu öffnen.

In der Beratungsarbeit kann das bedeuten, zu erkennen, dass jemand festsitzt mit einem Problem. Dies kann eventuell auch daran liegen, dass er in seiner eigenen inneren Landkarte ein Hindernis hat, mit dem er sich selbst den Weg blockiert. Erkenne ich die Landkarten, die Wege, die andere Menschen in ihren Landkarten haben, kann ich auch Möglichkeiten entstehen lassen, sich kleine Trampelpfade anzulegen, die sie dann zu richtigen Wegen ausbauen können. Neue Wege, neue Möglichkeiten, neue Arten, Hindernisse, Veränderungen in der Landkarte zu bewältigen ist eine unserer Aufgaben.

Versuche ich in der Wüste, ein Iglu zu bauen, werde ich damit wenig Erfolg haben. Versuche ich im Schnee in den Bergen einen Iglu zu bauen, kann ich mehr Erfolg haben; aber ist es für meinen Klienten auch wirklich wichtig, einen Iglu zu bauen? Habe ich ihn wirklich richtig verstanden?

Habe ich dich richtig verstanden?

Menschen mit all ihren Unterschiedlichkeiten wahrzunehmen ist eine hohe Kunst. Manchmal kann es schwierig sein, das Verhalten meines Klienten zu verstehen und richtig zu deuten. NLP bietet hier als eine weitere Form der Wahrnehmung: das **Kalibrieren**. Kalibrieren ist eine Voraussetzung, um die Veränderungen seines Klienten wahrzunehmen. Beim Kalibrieren werden kleinste Veränderungen der Körperhaltung, der Atmung, der Sprache, der Tonlage, der Gesichtsfarbe, der Körperspannung usw. wahrgenommen. Um das Kalibrieren zu üben, fordere ich eine Person auf, sich mental, erst in einen guten und dann in einen schlechten Zustand zu begeben. Ich beobachte, wie die Person in dem jeweiligen Zustand aussieht, und versuche auf Körperhaltung, Atmung, Hautfarbe etc. zu achten.

Hier schaue ich besonders auf die Unterschiede zwischen den beiden Zuständen. Arbeite ich später mit dieser Person, habe ich klare Anzeichen dafür, in welchem Zustand sich die Person befindet, und kann entsprechend intervenieren oder nachfragen, was passiert ist. In Beratungsgesprächen kann man diese Kalibrierübung auch unauffällig durch Fragen nach schönen oder schlechten Erlebnissen machen. Für die weitere Arbeit sind diese Informationen sehr hilfreich. Durch die Wahrnehmung dieser Veränderungen beim Klienten können mir Blockaden oder positive Zustände eher auffallen, und ich bin in der Lage, sofort einzugreifen.

Ein weiteres Erlebnis zum Thema Wahrnehmung war für mich meine erste Erfahrung mit einer Mädchengruppe, die ich während des Studiums leitete.

Voller Elan machten meine Kommilitonin und ich uns vor jeder Gruppenstunde die tollsten Gedanken, was wir wie mit den Mädchen anstellen könnten. Wir dachten uns die schönsten Dinge aus, was wir dachten, was sie anregen, nachdenklich machen und motivieren könnte.

Oft stellten wir fest, dass gerade die ganz einfachen Gruppenabende, an denen wir gemeinsam Essen kochten oder nur Urlaubsfotos anschauten, für die Mädchen die Abende waren, wo sie sich besonders wohl gefühlt hatten. Immer wieder versuchten wir, die Mädchen zu motivieren, sich mehr zuzutrauen als nur das herkömmliche Hausmutterdasein. Einige fanden die Idee, etwas anderes im Leben zu erreichen, als nur Hausfrau zu sein, sehr interessant. Die Idee, sich eine Ausbildung zu suchen, die ihnen gefällt, und nicht nur danach zu suchen, was gerade noch auf dem Markt ist, war für sie schon eine sehr andere Art zu denken. Einige der Mädchen aus dieser Gruppe wagten sich vor und hatten den Rückhalt, sich mehr zuzutrauen, als sie sich für ihr Leben eigentlich vorgestellt hatten. Einige konnten unsere Anregungen annehmen, andere nicht.

Erst viel später wurde mir klar, dass wir die Mädchen teilweise vollkommen überfordert hatten. In ihrer Welt gab es niemanden, der Abitur und auch niemanden, der studiert hatte. Unsere Welt als Studentinnen lag von der Welt, in der die Mädchen lebten, Lichtjahre entfernt. Für uns war es normal, uns unsere Lebenswelt selbständig zu planen und Ideen zu entwickeln, was wir in unserem Leben noch alles erreichen wollten. Die Mädchen hatten nicht das Umfeld, nicht die Möglichkeiten, nicht die Unterstützung, die in unseren Familien ganz normal war. Für die Mädchen war es immer schon klar, dass sie mit 16 Jahren eine Lehre beginnen, dass sie sich dann ihren Ehemann suchen, Kinder bekommen und ein ähnliches Leben wie ihre Mütter leben würden. Natürlich ganz anders als ihre Mütter, denn da wollten sie nie hin. Doch welche Chance hatten sie wirklich in dem Umfeld, anders zu agieren als ihre Umgebung? **Einer der wichtigsten Punkte im NLP beim Erstellen eines Zielsatzes ist der Ökologie-Check** (siehe auch S. 134, 139). Hätten diese Mädchen alle begonnen, das Abitur zu machen, hätten sie nicht mehr so unkompliziert in ihre Familien gepasst. Ihr andersartiges Verhalten hätte ihre Umgebung verwirrt. Hätten diese Mädchen studiert, hätte sich ihr Freundeskreis verändert. Wenige von ihren Freunden hätten noch mit ihnen etwas anfangen können. Die Mädchen wären so aus ihrem Umfeld herausgefallen. Die Veränderung auf so vielen Ebenen in ihrem Leben wäre für einige eventuell sehr schwierig gewesen. Wie hätten sie es kompensieren können?

Dies bedeutet nicht, sich nicht vorzuwagen und Neues auszuprobieren. Es bedeutet nicht, sich nicht Dinge zuzutrauen, die man sich noch nicht gewagt hat. Aber es weist darauf hin, sich darüber klar zu werden, was eine Veränderung, was ein neues Ziel für unser Leben bedeutet. Entscheide ich mich für große Veränderungen in meinem Leben, sollte ich mir als Allerwichtigstes auch die Frage stellen, was dies für mich und auch für meine Umgebung bedeutet. Veränderungen im Verhalten können eine Menge bewirken.

4.2 Selbstschutz/Sich um sich selbst kümmern

In unserem Arbeitsfeld können wir uns manchmal die Situationen nicht aussuchen, die in unserer Einrichtung passieren. Vor einigen Jahren erlebte ich folgenden Vorfall:

"Caroline, komm schnell, der Manu ist da mit den Schönebergern und hat Manfred schon eine auf's Maul gehauen." Ich renne in den Offenen Bereich (großer Clubraum), der natürlich heute besonders voll ist. Die Jugendlichen aus dem Ostteil der Stadt haben sich etwas verängstigt am Tresen zusammengerottet. Aus dem Augenwinkel sehe ich meinen verschreckten Kollegen, der hinter der Bar steht und in Richtung Tür pirscht. In der Mitte des Raumes diskutiert eine Horde ausländischer und deutscher Jugendlicher. Sie versuchen, irgendjemanden zu beruhigen. Wie ich auf den zweiten Blick sehe, bemühen sie sich, Manu festzuhalten. Manu ist vor ein paar Tagen aus der Einrichtung geflogen, da er einen Mitarbeiter beklauen wollte.

Manu war zu diesem Zeitpunkt erst zweimal in der Einrichtung gewesen. Freunde von Manu versuchen ihn festzuhalten, doch der stürmt wie „wild geworden" auf einen weiteren Kollegen zu und schlägt ihn ins Gesicht. Seine Freunde ziehen ihn weg, mein Kollege verschwindet schnell in einen sicheren Raum. Die Jugendlichen am Tresen sind starr vor Schreck. Ich bin nun als Einzige mit dieser Horde im Offenen Bereich. Ein Kollege aus einer Nachbareinrichtung ist im Eingangsbereich. Mein Herz rast und ich überlege, wie ich unsere Jugendlichen, die noch da sind, schützen kann. Wie kann ich jetzt schnell zum Telefon kommen, um die Polizei zu alarmieren?

Ich merke, dass es jetzt keinen Zweck hat, mit dem aufgebrachten, angetrunkenen und eventuell unter Drogen stehenden Jugendlichen Kontakt aufzunehmen. Ich nehme mir stattdessen eine einflussreiche Person aus der Gruppe vor und erkläre ihm, er solle Manu sofort aus der Einrichtung bringen, da gleich die Polizei kommen würde. Der Jugendliche begreift sofort und versucht über andere Beteiligte, auf Manu einzureden. Manu ist wild vor Zorn, will sich nur noch schlagen. Den unbeteiligten Jugendlichen versuche ich klar zu machen, dass sie sich nicht einmischen sollen, damit Manu nicht noch aggressiver wird. Meine Knie zittern, da Manu immer wieder in die eine oder andere Richtung ausbricht und sich mit irgendjemandem schlagen will. Seine Freunde haben Mühe, ihn festzuhalten. Trotz Manus enormer Kraft gelingt es seinen Freunden, ihn langsam Schritt für Schritt in Richtung Ausgang zu bringen. Es ist, als ob Stunden vergehen, bis alle auch durch das Treppenhaus die Einrichtung verlassen haben. Als die Gruppe endlich draußen ist, atmen wir alle auf, einige Minuten später, als alle schon weg sind, erscheint die Polizei.

Das gesamte Team war über den Vorfall vollkommen entsetzt. Tätliche Angriffe auf Mitarbeiter gab es in unserem Club noch nie. Zumal diesem Vorfall bei uns einige Vorfälle mit Körperverletzungen von Kollegen in anderen Einrichtungen vorausgegangen waren.

Solche Situationen zu verarbeiten gehört leider auch zu unserem Job. Hierbei geht es mir jetzt nicht darum, was wir aus diesem Vorfall gelernt haben, sondern was mache ich in solchen Situationen mit mir. Wie bringe ich mich wieder zur Ruhe? Damals bin ich, als ich nach Hause kam, erst einmal zwei Runden um den Block gerannt, um die Adrenalinausschüttung zu verarbeiten. Doch was kann man real tun, wenn man (sprachlich oder körperlich) angegriffen wird? Wie kann ich mich schützen?

Mein Schutzmechanismus: Für unsere Arbeit ist es wichtig, sich darüber Gedanken zu machen, wie wir uns schützen. Können wir in Situationen wie oben nicht schnell handeln, uns nicht schnell schützen, haben wir oft schon verloren.

Jeder hat verschiedene Mechanismen sich zu schützen, wenn er verbal oder körperlich attackiert wird. Wenn wir unsere Schutzmechanismen kennen, können wir sie benutzen, bevor wir verletzt werden. Manchmal kann es ein Satz sein, den wir uns selbst vorsagen, der uns vor verbalen Angriffen schützt. Manchmal kann es eine bestimmte Körperhaltung sein, die andere Menschen davor abschreckt, uns anzugreifen. Wie schützen Sie sich vor verbalen und emotionalen Angriffen? Wie schützen Sie sich vor körperlichen Angriffen? Wie sieht es also mit Ihrem Schutzmechanismus aus? Welches ist Ihr persönlicher „Schutzzauber"?

Grundlagen für die Arbeit im sozialen Bereich • 47

Mein Schutzanzug

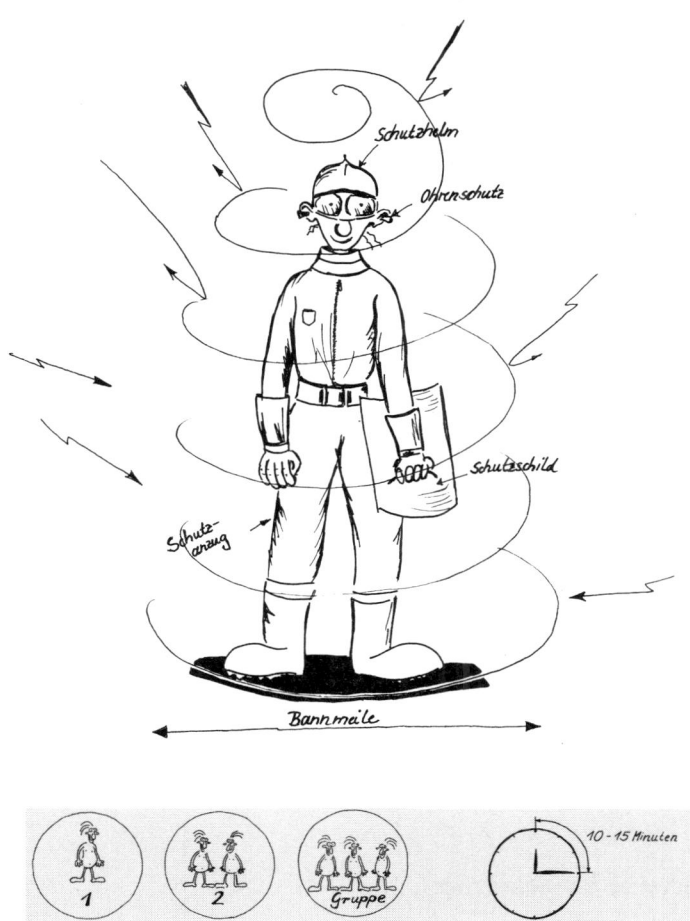

Übungsverlauf:

Nehmen Sie sich einige Minuten Zeit. Versuchen Sie sich an eine Situation in Ihrem Leben zu erinnern, in der Sie sich selbst schon einmal gut geschützt haben. Erleben Sie in Gedanken diesen Moment noch einmal. Wo waren Sie? Was hat Sie damals umgeben? Waren vielleicht Menschen da oder waren Sie allein? Versuchen Sie die gesamte Situation noch einmal mit all Ihren Sinnen wahrzunehmen. Wo war der Punkt, an dem Sie für sich erkennen konnten, dass Sie sich gut geschützt haben?

Was haben Sie gehört? Und/oder haben Sie sich etwas gesagt?

Was haben Sie gesehen?

Wie haben Sie sich gefühlt?

Wo konnten Sie das Gefühl lokalisieren?

Beschreiben Sie für sich das Gefühl so genau wie möglich.

Versuchen Sie sich jetzt noch an andere Situationen zu erinnern, in denen Sie sich ebenfalls gut geschützt haben:
Was war ähnlich?

Diese Einzelheiten können Ihnen helfen, Ihren persönlichen Schutzanzug anzufertigen.

Mein persönlicher Schutzanzug:

Wenn ich mich gut schütze, dann höre ich

Dann sage ich zu mir selbst

Dann fühle ich

Dann sehe ich

Dann schmecke und dann rieche ich

Wenn Sie das nächste Mal Schutz benötigen, versuchen Sie sich an die Eigenschaften Ihres Schutzanzuges zu erinnern. Was höre ich, was sehe ich, wie fühle ich mich, wenn ich mich gut schütze? Was ist das Allerwichtigste? Hat man in seiner Arbeit bereits einmal eine Situation erlebt, die man sich als Schutzsituation gut ankern kann, sollte man dies tun. (Mehr zum Thema *Ankern* auf Seite 50ff.) Schutzanker zeigen nicht nur uns, sondern auch unserer Klientel, dass wir uns nicht angreifbar fühlen. Dies kann in vielen Situationen schon helfen und Angriffe abwehren.

4.3 Wahrnehmung für sich selbst – eigene Schwächen und Stärken

Sie kennen es bestimmt auch. Sie sitzen morgens am Frühstückstisch, und plötzlich wird eine Melodie im Radio gespielt, die Ihnen sehr bekannt ist. Es ist die Musik, die Sie gehört haben, als Sie Ihren Partner kennen gelernt haben. Sie hören die Musik und mit ihr sind auf einmal all diese Gefühle des Verliebtseins, der Aufregung wieder in Ihnen. Oder jemand geht an Ihnen vorbei und benutzt das gleiche Parfum wie Ihre beste Freundin. Sie riechen es, und plötzlich ist es, als wäre sie da, und Sie spüren, dass Sie sich so fühlen, als ob Ihre Freundin wirklich in Ihrer Nähe ist.

Für die Entdeckung dieses Phänomens bekam der russische Psychologe Iwan Petrowitsch Pawlow 1904 den Nobelpreis. Er unternahm verschiedene Versuche mit Hunden und untersuchte ihren Speichelreflex. In seiner Versuchsanordnung stellte er fest, dass Hunde mit Speichelfluss reagieren, wenn sie Futter bekommen. Dies nannte er einen „unbedingten Reflex" (angeborenen Reflex). In seinen weiteren Versuchen ließ er eine Glocke läuten, bevor er den Hunden Futter gab. Er stellte fest, dass die Hunde nach einiger Zeit auf das Läuten der Glocke ebenfalls mit Speichelfluss und Magensaftproduktion reagierten. Nach Pawlow ist ein „bedingter Reflex" (gelernter Reflex) entstanden.

Ein bestimmter Reiz hat eine bestimmte Reaktion ausgelöst. Solche Reiz-Reaktionsmuster, wie mit dem Parfum oder der Musik, nennt man im NLP „natürlich entstandene Anker". Durch einen Reiz, hier in dem Fall die Musik oder das Parfum, werden wir in ein bestimmtes Gefühl versetzt. Als damals die Musik spielte, waren wir in einem besonderen Gefühlszustand. Dieser Zustand hat sich quasi auf natürliche Art und Weise mit der Musik verbunden. Genauso ist das Parfum Ihrer Freundin zu einem **natürlichen Anker** geworden. Beim Geruch des Parfums denken Sie an sie.

NLP benennt verschiedene Formen von Ankern und benutzt diese natürlichen Anker als Modell, um **künstliche Anker** entstehen zu lassen.

Jeder Mensch hat in seinem Leben eine Menge von natürlichen Ankern, die durch bestimmte Situationen entstanden sind. Viele natürliche Anker benutzt man häufig, ohne es zu wissen. Es gibt aber auch eine Menge natürlicher Anker, die uns gar nicht bewusst sind.

Anker, oder auch Verstärker genannt, wirken sowohl positiv als auch negativ. Es gibt Menschen, die für uns Anker sind und uns in einen guten oder schlechten Zustand bringen. Es können Landschaften, Geräusche, Gefühle, Bewegungen, Gerüche und Geschmäcker sein, die uns in positive oder negative Stimmungen bringen. Diese Zustände können wir als natürliche Kraftquellen nutzen.

4.4 Die natürlichen Anker für mein Wohlbefinden

Gerade um die Arbeit im sozialen Bereich machen zu können, sollten wir wissen, wo unsere eigenen Grenzen liegen. Welche Situationen bringen mich aus dem Gleichgewicht? Und wo sollte ich mich um mein Wohlbefinden kümmern? Geht es mir selber nicht gut, fühle ich mich unausgeglichen und gestresst, bin ich den Leuten, mit denen ich arbeite, eher eine Belastung als eine Unterstützung. Deswegen ist es ganz wichtig zu wissen, wie ich mein Wohlbefinden steigern kann, wenn es aus dem Lot geraten ist. Jeder von uns hat sicherlich schon seine entsprechenden Strategien entwickelt, doch was kann ich noch tun, damit ich mich wohl fühle? Welche Situationen, welche Menschen, welche Orte, welche Musik, welche Stimmen, welche Bilder oder welche Handlungen versetzen mich in eine positive Stimmung? Was sind für Sie positive und negative Verstärker? Wie sehen Ihre natürlichen Anker aus? Was versetzt Sie in gute Zustände?

Positive Verstärker sind für mich: (zum Beispiel:)

- Musik von Eric Clapton
- Lesen
- Spazierengehen mit meinem Hund
- Inlineskaten
- Kinobesuche
- ein Essen für zwei
- der Geruch von grünem Tee

Grundlagen für die Arbeit im sozialen Bereich • 51

Negative Verstärker sind für mich: (zum Beispiel:)

➤ Baulärm
➤ unfreundliche Menschen
➤ Zeitdruck
➤ in Hektik essen
➤ Unordnung

Positive und negative Verstärker findet man in vielen verschiedenen Bereichen. Damit Sie noch mehr Ihrer positiven Verstärker entdecken können, habe ich Sie noch in folgende Bereiche unterteilt:

Positive Verstärker im Bereich *Körper*: (zum Beispiel:)

➤ ein Saunabesuch
➤ eine Massage
➤ Schwimmen gehen
➤ ins Solarium gehen

Positive Verstärker im Bereich *Gesundheit*: (zum Beispiel:)

➤ eine ausgewogene Mahlzeit
➤ Entspannung
➤ eine Trockenbürstenmassage
➤ sportliche Aktivitäten
➤ in der Natur sein

Positive Verstärker im Bereich *Freunde*: (zum Beispiel:)

➤ eine schöne Party
➤ ein Treffen mit meiner besten Freundin
➤ ein Telefonat mit X
➤ ein Theaterbesuch mit Y

Positive Verstärker im Bereich *ICH*: (zum Beispiel:)

➤ Meditieren
➤ in Ruhe ein Buch lesen

➤ bestimmte Parfums
➤ Malen

Positive Verstärker im Bereich *Familie:* (zum Beispiel:)

➤ mit Kindern spielen
➤ ein Gespräch mit meiner Schwester
➤ Skilaufen mit meinem Bruder
➤ Lachen mit meiner Mutter
➤ große Familienfeste

Positive Verstärker im Bereich *Beziehung:* (zum Beispiel:)

➤ Essen gehen
➤ den anderen überraschen
➤ gemeinsame Pläne schmieden
➤ Lachen und Spaß haben

Sind Sie erstaunt über Ihre positiven Verstärker, haben Sie Neues oder auch Altbekanntes entdeckt? Sie können versuchen, Ihre positiven Verstärker bewusster einzusetzen: Legen Sie Ihre Lieblings-CD ein. Erzählen Sie sich selbst Ihren Lieblingswitz, riechen Sie an einem Parfum oder gönnen Sie sich einen Lieblingsgeschmack in Form eines Getränkes etc. Bauen Sie auf diese Weise Ihre positiven Verstärker aus.

Wohlfühlecke

Machen Sie sich zu Hause eine *„Wohlfühlecke"*, die Sie daran erinnert, etwas Schönes für sich zu tun. Es kann ein Tisch sein, auf dem all Ihre positiven Verstärker stehen. Hier könnte zum Beispiel eine Badelotion stehen, die Sie daran erinnert, sich ein schönes Bad zu gönnen. Es kann ein schöner Gedichtband sein, der Sie entspannen lässt. Es kann eine besondere Musik-CD sein, die Sie beruhigt und fröhlich stimmt. Es kann auch ein Gutschein für Sie selbst sein, indem Sie sich selbst zum Essengehen einladen. Wichtig bei Ihren positiven Verstärkern ist, sie auch zu genießen. Versuchen Sie das, was Sie sich gerade schenken, richtig auszupacken. Erfreuen Sie sich daran, liebevoll mit sich selbst umzugehen und darauf zu achten, dass es Ihnen gut geht.

Einige dieser Verstärker betreffen meinen Privatbereich, und so bin ich in der Lage, meine Energien zu Hause wieder aufzutanken. Was kann ich aber tun, wenn ich auf meiner Arbeitsstelle bin? Auch hier habe ich positive und negative Verstärker: Was kann ich hier also nutzen, um meine Energien wieder auf Trab zu bringen? Welche positiven und negativen Verstärker habe ich auf meiner Arbeitsstelle?

Positive Verstärker (zum Beispiel):
- mein Kollege
- Fotos von schönen Gruppenfahrten
- gute Dokumentationen der Arbeit

Negative Verstärker (zum Beispiel):
- demotivierte Jugendliche
- gelangweilte Kollegen
- endlose Diskussionen

Nehmen Sie sich nun etwas Zeit und überlegen Sie sich, welche negativen und welche positiven Verstärker Sie in Ihrem Beruf haben.

Meine *negativen* Verstärker im *Beruf* sind:
- ....
- ....
- ....

Wenn Ihnen zum Beispiel bei negativen Verstärkern bestimmte Personen einfallen, überlegen Sie sich doch einfach, wie oft Sie diese Person wirklich sehen müssen. Falls diese Person Sie per se in einen schlechten Zustand bringt, versuchen Sie Möglichkeiten zu finden, dass Sie diese Situationen meiden können. Geht Ihnen Ihr Vorgesetzter auf die Nerven, da er sich permanent profilieren muss, gehen Sie ihm doch einfach so gut es geht aus dem Weg. Haben Sie Freunde und Bekannte, die nur ihren Seelenmüll bei Ihnen abladen und Sie dadurch in eine schlechte Stimmung bringen, bemühen Sie sich darum, hier etwas Abstand herzustellen.

Meine *positiven* Verstärker im *Beruf* sind:

➤ ....

➤ ....

➤ ....

Nehmen Sie sich nun genug Zeit für diese Übung, damit Ihnen auch die schönsten Gelegenheiten einfallen können.

Kreieren Sie sich auf Ihrer Arbeitsstelle einen Ort für positive Verstärker: Dies können Ihre privaten persönlichen Verstärker und Ihre positiven Verstärker für die Arbeit sein. Legen Sie sich zum Beispiel eine Schublade an, in der all Ihre Stimmungssteigerer für Sie bereit liegen. Legen Sie sich ein Lieblingstape in die Schublade. Schauen Sie sich für ein paar Minuten die letzten Urlaubsfotos an, wo Sie sich so wohl fühlten. Lesen Sie sich einen guten Artikel durch, der Sie daran erinnert, was Sie in Ihrer Arbeit wirklich erreichen wollen. Legen Sie Erfolgsgegenstände in Ihre Schublade, die Sie an Ihre gute Arbeit, an Situationen, in denen Sie Besonderes geleistet haben, erinnern. Dankesbriefe, kleine Geschenke, Beförderungsschreiben, Ihre Lieblingsschokolade, Ihre Lieblingsbonbons, Ihren Lieblingsgeruch.

Legen Sie Ihren Zettel mit den positiven Verstärkern in die Schublade, der Sie daran erinnert, was Sie tun können und wer oder was Sie positiv unterstützt. Rufen Sie einen Kollegen an, der Sie auf andere Gedanken bringt oder dem Sie das Problem erzählen können. Nutzen Sie die positiven Stimmungen, die von einigen Personen ausgehen, und nehmen Sie Kontakt zu ihnen auf. Umgeben Sie sich mit dem Angenehmen. Geben Sie sich die Erlaubnis, heute nur Gespräche mit angenehmen Menschen zu führen.

4.5 Flexibilität

Ein ganz normaler Tag in der Einrichtung: *Das Klingeln des Telefons übertönt das Läuten der Türklingel. Die ersten Jugendlichen stehen schon draußen vor der Tür und wollen mal wieder nur eine Viertelstunde früher in den Club. Ich lege den Hörer für die Klingelanlage zur Seite und gehe ans Telefon: „Caroline, hallo. Wir müssen uns etwas Neues einfallen lassen. Die internationale Begegnungsfahrt nach Schweden findet nicht statt. Ich habe hier gerade ein Fax bekommen, dass die Schweden ihren Antrag falsch gestellt haben und kein Geld bekommen, um die Begegnung ausrichten zu können. Ab wann hast du Urlaub?"*

Das ist ja ein super Arbeitsanfang, denke ich bei mir. In einer Woche habe ich Urlaub und soll jetzt mal noch schnell eine 10-tägige Ersatzfahrt für 10 enttäuschte Jugendliche organisieren, die eigentlich gerne nach Schweden gefahren wären. Aber okay: Was kann man wie organisieren? Vielleicht eine Kanutour durch die märkischen Gewässer? Würde das die Jugendlichen entschädigen und hätten sie dazu überhaupt Lust? Ich gehe in Gedanken die Teilnehmer durch. – Keine schlechte Idee! Ich mache mir kurz Gedanken darüber, was ich für eine Kanutour benötigen würde. Habe ich genügend Ausrüstungsmaterial, wo bekomme ich die Boote her? Ist überhaupt Geld vorhanden, und wie reserviere ich die Zeltplätze, wie kommen wir an die Ausgangsposition?

Als ich meinem Kollegen die Situation beschreibe, kann er sich sofort für die Kanutour begeistern. Einige Minuten später melde ich mich im Amt, berichte von der Idee und erkläre, dass diese Fahrt möglich wäre, wenn wir noch Kanus bekommen. In drei Wochen wollen wir los, für diese Zeit gibt es in Berlin meist kein einziges Kanu mehr.

Volle Aufmerksamkeit!

Es ist bereits 13 Uhr, die ersten Jugendlichen stürmen in den Club. Ich höre Türschlagen und wildes Geschrei. Die Jugendlichen sind da. Nun heißt es, Antennen herausfahren, überlegen, was gestern war, wer hat mir was erzählt und welche Schwierigkeiten sind heute schon abzusehen (Stress mit den Eltern, Zeugnisse, schlechte Noten, Prüfungen, Liebeskummer, Ärger mit den Freunden etc.)? Wer braucht heute besondere Aufmerksamkeit und welche Aktionen waren für heute geplant?

Die ersten Jugendlichen begrüßen mich. Ich versuche wahrzunehmen, wie es wem geht. Ein Junge sitzt bereits alleine in einer Ecke. Als ich auf ihn zugehe, sehe ich an seiner zusammengesackten Körperhaltung, dass etwas nicht in Ordnung ist. „Ist alles okay, Marcel?" „Ne, nichts ist in Ordnung", raunt er mir entgegen. Er ist stocksauer und traurig. Ich setze mich neben ihn und stelle mit meiner Körperhaltung und meiner Wortwahl Rapport her, um in guten Kontakt mit ihm zu kommen (siehe Seite 63).

Marcel erzählt mir, dass er in der Schule erfahren hat, dass er höchstwahrscheinlich sitzen bleibt. Für ihn eine besonders große Katastrophe, da er erst seit Beginn des Schuljahres endlich einen richtigen Freund in der Klasse gefunden hat. Marcel ist jemand, der lange braucht, um sich einer Person zu öffnen und um zu vertrauen. Im folgenden Gespräch versuchen wir gemeinsam herauszubekommen, was Marcel jetzt machen kann. Er hat sehr große Angst, wie seine Eltern auf die Androhung reagieren. Für seinen Vater war es immer sehr wichtig, dass man gute Noten in der Schule hat. „Sitzenbleiben tun nur Doofe", sagt Marcel. Und Marcel ist nicht doof. Nachdem Marcel all seinen Frust über die Lehrer, seine Eltern und die ungerechte Benotung erzählt hat, beginnen wir gemeinsam zu überlegen, wie Marcel es schaffen kann, in den besagten Fächern vielleicht doch noch eine Verbesserung zu erzielen.

Während ich noch intensiv mit Marcel an einer Lösungsmöglichkeit arbeite, ruft mich mein Kollege ans Telefon. Es ist das Amt: „Wir haben wohl die letzten Kanus in ganz Berlin gefunden. Wo wollt ihr hinfahren? Ich kann mich dann gleich um den Transport kümmern." Ich hatte bis jetzt noch keine Sekunde Zeit, mir über den Routenverlauf irgendeinen Gedanken zu machen. Mit der Vertröstung auf einen Rückruf in einer Stunde eile ich zu meinem Kollegen, sage ihm, dass wir uns in einer 1/4 Stunde zusammensetzen müssen, um die Tour zu planen. Die Zeit muss nun reichen, Marcel schon ein wenig auf die Füße zu helfen. Nach weiteren zehn Minuten mit Marcel gehe ich zurück ins Büro und entwerfe mit meinem Kollegen zusammen die Kanuroute. Der Rest des Tages verläuft ähnlich.

Solche oder ähnliche Situationen werden Sie gut kennen.

> *Ein ganz wichtiger Teil in unserer Arbeit ist Flexibilität. Es ist die Fähigkeit, sich sehr schnell auf neue Situationen einstellen zu können, den Überblick zu behalten und trotzdem die Ruhe und Zuversicht auszustrahlen, die einzelne Klienten benötigen.*

Manchmal ist es nicht so einfach, die nötige Ruhe in sich zu etablieren. Sehr hilfreich ist es hier, wenn man eine Möglichkeit findet, diese Gelassenheit auf seiner Arbeitsstelle für sich herstellen zu können. Um der Hektik und dem Stress etwas zu entgehen, kann man am Arbeitsplatz einen „Ort der Ruhe" etablieren. Als Trainerin für Autogenes Training erzähle ich meinen Teilnehmern oft, dass häufig der einzig ruhige Ort während der Arbeitszeiten die Toilette ist. Meist gibt es wenige Plätze, wo man während seiner Arbeit ungestört abschalten kann. Wie hilfreich es jedoch ist, nur mal kurz abzuschalten, wenn es gerade wieder sehr hektisch wird, weiß jeder. Wichtige Gespräche kann man in entspanntem Zustand viel besser führen, und einmal durchzuatmen hilft, wenn man sich gerade aufgeregt hat.

Versuchen Sie an Ihrem Arbeitsplatz einen solchen Ort zu finden, wo Sie zur Ruhe kommen und neue Kraft tanken können. Wenn Sie eine Entspannungsmethode beherrschen, versuchen Sie sich einen Platz zu schaffen, wo Sie sich entspannen können. Fünf Minuten gedankliches Abschalten helfen eine Menge, um sich wieder ins Lot zu bringen. Mehrere kürzere Pausen täglich wirken dem gesundheitsschädlichen Stress entgegen. Benutzen Sie diesen Ort so häufig wie möglich. Beginnen Sie behutsam mit sich umzugehen. Ihr Körper und Geist wird sich gerade in stressigen Zeiten sehr darüber freuen. (Mehr zum Thema Entspannung und Anti-Stress-Training finden Sie in dem Buch von Ernest Rossi: *„Die 20-Minuten-Pause"*.)

„Sie macht schon wieder ihre Entspannungsübungen!"

> *Zusammenfassung:*
>
> 1. *Jeder Mensch hat eine andere Wahrnehmung der Welt. NLP lehrt diese Unterschiede zu entdecken und zu nutzen, um andere besser zu verstehen.*
>
> 2. *In der sozialen Arbeit begegnet man positiven und negativen Emotionen, für die man einen guten Selbstschutz benötigt, um in der Arbeit zu bestehen.*
>
> 3. *Natürliche und künstliche Anker helfen, die eigenen Stärken und Schwächen zu entdecken und zu nutzen, wenn man sie benötigt.*
>
> 4. *Um die nötige Flexibilität zu entwickeln, die in dieser Arbeit oft wichtig ist, ist es nützlich, sich einen Ort zu schaffen, wo man zur Ruhe kommen kann.*

5. Einführung in das NLP

5.1 Die Geschichte des NLP

NLP – Neurolinguistisches Programmieren wurde 1972 von John Grinder und Richard Bandler entwickelt. Beide entdeckten und entwickelten, fast durch Zufall, bei der Analyse verschiedener Therapieformen an der Universität von Santa Cruz diese neue Trainings- und Kurzzeittherapiemethode.

John Grinder, ein Sprachwissenschaftler, und Richard Bandler, ein Computerfachmann mit Vorlieben für die Gestalttherapie, begannen sich mit dem Sprachwissenschaftler Noam Chomsky auseinander zu setzen. **Sie überlegten sich, was der Hintergrund sein könnte, warum einige Therapeuten und Sprachwissenschaftler erfolgreicher mit ihrer Methode waren als andere.** Ihr Ziel war es eigentlich nur, die Herangehensweisen und dahinter liegenden Muster von guten Therapeuten aufzudecken. Sie untersuchten die Sprache und das Verhalten der Familientherapeutin Virginia Satir und stellten fest, dass sie ganz besonders guten Kontakt (Rapport) zu ihren Klienten aufbaute und deren nonverbale Signale deuten konnte. So gelang es ihr recht einfach und schnell, alternative Verhaltensmöglichkeiten mit ihren Klienten gemeinsam zu erarbeiten.

Diese Strategie faszinierte Grinder und Bandler, und so untersuchten sie Schritt für Schritt, was das Besondere an dem war, was Virginia Satir in ihren Therapien machte. Bei dem Hypnosetherapeuten Milton Erickson sahen sie dessen Fähigkeit, mit hypnotischer Sprache Menschen zu helfen, und begannen diese Sprachmuster zu untersuchen.

Durch ihre Suche nach den elementaren Punkten dieser Besonderheiten entwickelten sie ausgefeilte Methoden, diese Menschen in ihrer Genialität zu modellieren. Mit dem Modellieren brachen sie eines der großen Tabus und bekannten sich offen dazu, dass sie gute Strategien aufdeckten und kopierten. Durch ihre Arbeit wurden diese Strategien das erste Mal offen gelegt. Viele Menschen können dadurch diese erfolgreiche und nützliche Methode heute in ihrer therapeutischen Praxis nutzen. Bandler und Grinder wagten und schafften den Vorstoß, Genialität und gute Methoden sichtbar zu machen. Sie verwendeten das Können von Menschen mit unterschiedlichsten guten Strategien, um diese auch für andere Menschen nutzbar zu machen.

Des Weiteren zeigte Richard Bandler ein großes Interesse an den Arbeiten des Gestalttherapeuten Fritz Perls, die somit die Entwicklung des NLP stark beeinflussten. Auch hier stellten sich Grinder und Bandler die Frage: Wie gelingt es dieser Person, genau das zu tun, was sie tut? Was müsste ich tun, um genau diese Genialität, um genau diese Fähigkeit und Fertigkeit auch zu erreichen?

Das Modellieren von besonderen Leistungen, Verhaltensweisen und Fähigkeiten ist eines der Hauptelemente des NLP. Aus dieser Idee, erfolgreiche Methoden für andere erleb- und erfahrbar zu machen, entstand eine neue Kommunikationsmethode, die heute vielen Menschen in ihrer täglichen Arbeit von Nutzen ist.

> *Zusammenfassung:*
> *NLP macht es möglich, eigene Potenziale zu sehen und zu entfalten, und gibt einem das Handwerkszeug in die Hand, das Beste in sich und in anderen zu entdecken und zu fördern.*

Durch die Idee, gute Modelle zielgerichtet für sich einzusetzen, werden die eigenen Schatztruhen und die anderer Menschen ausgegraben; und alle Ressourcen, Stärken und Talente können sichtbar werden. NLP macht es möglich, das ganz Besondere in sich und in anderen zu entdecken und zu leben.

5.2 Die Grundannahmen des NLP

Wie schon im Kapitel über die Wahrnehmung angesprochen, hat jeder Mensch seine eigene Wahrnehmung der Welt und dadurch seine eigene Landkarte entwickelt. Diese unterschiedlichen Landkarten basieren auf verschiedenen Grundannahmen. Solch eine Landkarte gibt es auch für das NLP, die ich die „Weltkarte des NLP" nennen möchte. Lassen Sie sich jetzt einladen, eine Reise in die Welt des NLP zu beginnen, indem wir uns die Grundannahmen näher betrachten.

Die Landkarte ist nicht das Gebiet – Richard Bandler und John Grinder nahmen die Idee von Noam Chomsky und Edward Hall auf, dass Menschen Informationen, auch wenn sie zur selben Zeit am selben Ort sind, verschieden verarbeiten. Ihre Erziehung, ihr Umfeld, die Kultur, in der sie aufgewachsen sind, prägen ihre Wahrnehmung dessen, was sie für sich als wichtig erachten. Menschen verzerren, tilgen und verallgemeinern Informationen. Dies bedeutet für das NLP, dass jeder Mensch eine unterschiedliche Wahrnehmung der Welt hat, in der er lebt. Für uns als „Sozial-Arbeitende" bedeutet es, zu erkennen, dass unsere Klientel eine andere Landkarte besitzt als wir selbst. Unsere Aufgabe liegt darin, feinfühlig die Landkarte des anderen zu entdecken und zu verstehen.

Jeder hat seine eigene Landkarte

Es gibt kein Versagen, sondern nur Feedback – Viele Menschen erleben ihre Fehler und Missgeschicke als Versagen. Sie haben das Gefühl, sie seien gescheitert. NLP sieht Probleme, Hindernisse, Fehler und Versagen als Feedback. Es sieht darin eine Chance zu wachsen, etwas Neues auszuprobieren und die Richtung zu ändern. NLP sieht im Versagen eine Herausforderung, es anders zu versuchen, einen neuen Weg zu finden. Hindernisse auf unserem Weg weisen uns nur darauf hin, dass es noch viele andere Wege gibt, die wir bis jetzt noch nicht entdeckt haben. Würden wir bei jedem Scheitern aufgeben, hätten wir wohl nie das Laufen gelernt. Kinder fallen ungefähr 50-mal hin, bevor sie das Laufen lernen. Vielleicht bedenken Sie dies bei Ihrem nächsten Laufversuch.

Jedes Verhalten hat eine positive Absicht – NLP geht davon aus, dass sich hinter jedem Verhalten eine positive Absicht verbirgt. Egal wie störend ein Verhalten sein kann, dahinter gibt es eine Information für den Betreffenden. Diese positive Absicht zu erkennen ist nicht immer einfach. Vielleicht ist es ein Verhalten, dass der Person früher sehr nützlich war und heute nicht mehr hilfreich ist. Wenn man früher als Kind zum Beispiel in laute Schimpftiraden ausgebrochen ist, damit sich der Vater um einen kümmert, könnte dies als Verhaltensweise eines Erwachsenen gegenüber seinem Chef eventuell nicht auf Gegenliebe stoßen.

Um neue Handlungsmöglichkeiten erlernen zu können, fragt NLP nach der positiven Absicht des alten Verhaltens. Wofür war es nützlich und wie kann ich dies in eine neue Verhaltensweise integrieren? Die gute Absicht der Schimpftiraden ist in unserem Beispiel, dass sich der Vater um das Kind kümmert und ihm seine Aufmerksamkeit schenkt. In unserem Fall hieße das: Wie kann ich auf eine andere Art und Weise die

Aufmerksamkeit des Chefs auf mich ziehen, um zum Beispiel meine gute Arbeit zu zeigen?

Jeder Mensch hat alle Ressourcen in sich – Ressourcen sind unsere Stärken, Talente und Fähigkeiten, die wir besitzen. In der Welt des NLP bedeutet dies, dass davon ausgegangen wird, dass jeder Mensch alle Ressourcen, die er benötigt, bereits in sich hat. Jeder hat zu jeder Zeit alle Fähigkeiten, sie müssen nur geweckt werden. Die Stärken und Talente liegen in jedem Menschen, diese Ressourcen gilt es zu entdecken.

Jeder verhält sich so, wie er es für den Moment für sich am besten hält – Die meisten Menschen verhalten sich so, wie es für sie zu diesem Zeitpunkt möglich ist. Jeder Mensch versucht, sich nach seinem jeweiligen Erfahrungszustand zu benehmen, und wählt das aus, was für ihn das vermeintlich Beste ist. Je mehr Möglichkeiten wir in unserem Verhaltensrepertoire haben, desto unterschiedlichere Situationen können wir ohne Probleme lösen. Für einige Situationen haben wir ein großes Verhaltensrepertoire, für andere nicht. Gerade in der sozialen Arbeit ist zum Beispiel ein großer Pool von Problemlösungsstrategien sehr hilfreich. Habe ich nur eine Methode, wie ich mit Schwierigkeiten umgehen kann, sind meine Möglichkeiten eingeschränkt. Je mehr Vielfalt ich hier besitze, desto kreativer kann ich in meiner Arbeit sein und desto hilfreicher bin ich für meine Klientel.

Die Verantwortung für die Kommunikation liegt bei jedem selbst – NLP geht davon aus, dass jeder Mensch die Art, wie er kommuniziert, verändern kann. Durch die Methoden des NLP kann ich meine Kommunikation meinem Gegenüber anpassen. Es liegt an mir, ob ich mich auf den anderen einstellen möchte oder nicht. Wenn ich zum Beispiel bei meinem Gesprächspartner eine Reaktion hervorrufe, die ich eigentlich nicht möchte, so kann ich dies als Rückmeldung verzeichnen.

Wie kann ich dieses Feedback als Lernchance für das nächste Mal nutzen? Was könnte ich anders machen, um die Reaktion hervorzurufen, die ich mir wünsche? Rufe ich positive Reaktionen hervor, kann ich mir überlegen, welche Strategien für positive Reaktionen hilfreich sind.

Sich auf das Ziel konzentrieren, nicht auf Probleme – NLP arbeitet damit, sich darüber klar zu werden, wohin uns ein Problem bringen möchte. Man konzentriert sich nicht darauf, sich intensiv mit den Ursachen auseinander zu setzen, sondern aus dem Problem ein Ziel zu machen. Konzentriere ich mich nur auf die Ursachen des Problems, komme ich manchmal nicht mehr weiter und drehe mich im Kreis. Frage ich mich, wo das Problem mich hinbringen will, was ich anders machen kann, bekomme ich eine neue Richtung. Aus dieser neuen Richtung, diesem neuen Ziel kann ich dann beginnen, die ersten Schritte zu unternehmen und zu handeln.

Neue Wege, neue Ziele und Ideen sind für unsere Arbeit wichtig. NLP hat hier eine schöne neue Art entwickelt, über Probleme anders nachzudenken.

NLP arbeitet mit vielen verschiedenen Methoden und Techniken. Ich möchte Ihnen jetzt die vorstellen, die sich für die Arbeit im sozialen Bereich besonders eignen.

5.3 Die Grundlagen des NLP und ihre Anwendung in der Praxis

5.3.1 Rapport

Rapport nennt man im NLP den guten Kontakt zum Gegenüber. Bin ich im Rapport mit jemandem, dann befinde ich mich auf derselben Wellenlänge. Mein Gegenüber und ich bewegen uns z.B. gleich, sprechen in einem ähnlichen Tempo, benutzen ähnliche Wörter, atmen im selben Tempo, lachen zur gleichen Zeit, haben ähnliche Interessen usw. Die meisten Menschen fühlen sich wohl und verstanden, wenn diese Art Gleichklang da ist. Dem professionellen Helfer gibt es die Möglichkeit, sich besser in die Lage seines Gegenübers versetzen zu können. Nehme ich bewusst Rapport zu jemandem auf, zum Beispiel durch die Körperhaltung, so erfahre ich, wie es sich anfühlt, solch eine Körperhaltung zu haben. Ich kann hier erfahren, ob mein Gegenüber eher angespannt oder entspannt ist. Bewusst die gleiche Körperhaltung, Stimmlage oder Bewegung einzunehmen gibt mir als professionellem Helfer die Möglichkeit, mehr Kontakt zu meinem Gegenüber herzustellen. Je mehr Kontakt, je mehr Verständnis ich für meine Klienten habe, desto bessere Interventionen kann ich entwerfen.

> *In Beratungsgesprächen ist es sehr nützlich, z.B. durch die Angleichung der Körperhaltung, dem Klienten das Gefühl zu geben, dass er verstanden wird.*

Sie werden erleben, wie viel einfacher Gespräche verlaufen können. Gerade wenn Sie Schwierigkeiten haben, einen guten Kontakt aufzubauen, ist Rapport eine gute Methode, diesen Kontakt herzustellen. Versuchen Sie diese Methode jedoch behutsam. In Gruppen kann man durch Spiele, wo alle zur gleichen Zeit dasselbe machen, Rapport herstellen. Auch gemeinsames Lachen oder gleiche Bewegungen stellen Rapport her. Stellt man in Gruppen Rapport her, wird die gemeinsame Arbeit einfacher. Die Gruppe hat dann einen gemeinsamen Rhythmus.

Probieren Sie es aus. Versuchen Sie in Gesprächen ganz bewusst Rapport aufzunehmen. Probieren Sie es vielleicht erst einmal mit guten Freunden und tauschen Sie sich darüber aus, wie es ihnen damit geht. Nehmen Sie einmal eine Zeitlang die gleiche Körperhaltung ein. Probieren Sie bewusst, ähnliche Wörter zu benutzen oder ähnliche Bewegungen zu machen. Tauschen Sie sich nach einer fünfminütigen Testphase mit Ihrem Freund aus. Sie werden erstaunt sein, wie wohl Sie sich fühlen, wenn Sie Rapport haben und wie es ist, ihn nicht zu haben. Zu einigen Menschen haben wir wie von ganz alleine Rapport. Achten Sie auf Situationen, wo er ganz von alleine da ist.

In manchen Situationen, zum Beispiel wenn Menschen schlecht gelaunt sind, kann der bewusste Rapportbruch sehr hilfreich sein. Bleiben Sie im Rapport, können Sie eventuell auch schlechte Laune bekommen. Verändern Sie jedoch zum Beispiel bewusst ihre Körperhaltung, brechen sie den Rapport und bringen sich selbst in eine andere Stimmung. Ein Rapportbruch, wie auf den Bildern unter „falsch" zu sehen ist, kann Ihnen z.B. dabei helfen, ein Gespräch unauffällig zu beenden. Wie man Rapport bewusst herstellt, zeigen Ihnen die folgenden Bilder mit der Überschrift „richtig".

Rapport kann man auf verschiedene Arten herstellen:

1. Die einfachste Form, um Rapport herzustellen, ist, die **gleiche Körperhaltung** wie mein Gegenüber einzunehmen.

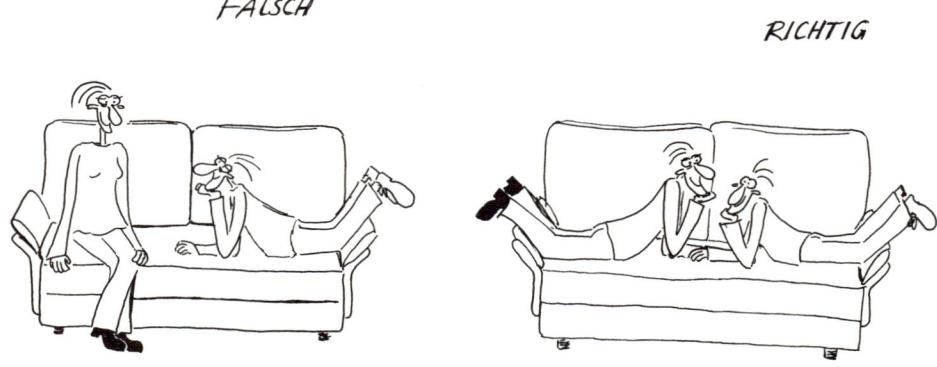

2. Eine weitere Form ist **die Kleidung**.

Einführung in das NLP • 65

3. Außerdem kann man Rapport über die **Bewegung** aufnehmen.

4. Rapport hat man auch, wenn man dieselbe **Stimmlage/Tonhöhe** wählt.

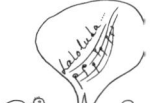

5. Ein besonders gern genutztes Mittel, um Rapport herzustellen, ist es, eine **gleiche Wortwahl** zu benutzen.

Neben der Technik des Rapports geben uns die Repräsentationssysteme weitere Aufschlüsse über die Landkarten und die Wahrnehmung anderer Menschen.

5.3.2 Repräsentationssysteme

„Das Geheimnis guter Kommunikation ist nicht so sehr, was wir sagen, sondern wie wir es sagen." (Joseph O´Connor/John Seymour) Jeder Mensch hat seine besondere Art und Weise zu denken. Die Fähigkeit zu denken entwickelt sich sehr früh. Unsere Gedanken sind sehr unterschiedlich, und häufig ist es fast ein Phänomen, wenn jemand dieselben Gedanken zu einer Situation hat wie Sie. Unsere Gedanken teilen wir auch über unsere Sprache und unsere Körperhaltung mit.

> *Am Denkprozess sind all unsere Sinne (Sehen, Hören, Fühlen, Riechen, Schmecken) beteiligt. Über unsere Sprache drückt sich unsere Art, Dinge zu be- und verarbeiten, aus.*

Je nachdem, welcher unserer Sinne mehr oder weniger gefördert und genutzt wurde, haben wir Vorlieben für das eine oder das andere entwickelt. Diese Vorlieben sind im Alter zwischen elf und zwölf entstanden. NLP nennt dies, unsere Gedanken über unsere Sinne zu repräsentieren. Wir drücken also über unsere Sprache und über unser Verhalten aus, was unsere Lieblingsrepräsentationssysteme sind. Wie wir unsere Informationen verarbeiten, erkennen wir an den Sinnen, die wir dafür nutzen. Diese Sinneswahrnehmungen sind das Sehen, das Hören, das Fühlen, das Schmecken und das Riechen. Je nachdem, welche Landkarte, welches Modell der Welt wir haben, bilden sich entsprechende Wege, die unsere Gedanken, unsere Informationen verarbeiten.

So gibt es, wie schon erwähnt, die Erzählung, dass die Eskimos 20 verschiedene Begriffe für Schnee kennen. Der Eskimo weiß, wie verschieden Schnee sich anfühlt, aussieht oder anhört. Er benötigt diese Informationen in seinem Alltag. Leben wir zum Beispiel in einer Großstadt, wird sich unser Gehör an den permanenten Lärm anpassen. Wir entwickeln, je nachdem, wo wir leben und wie wir leben, entsprechende Vorlieben für bestimmte Repräsentationssysteme. Entweder haben Sie eine Vorliebe für das Hören entwickelt oder für das Sehen. Oder Sie haben eine Neigung für das Gefühl und die Bewegung oder für das Riechen und Schmecken.

Jeder Mensch hat andere Vorlieben für bestimmte Repräsentationssysteme. Was sind Ihre Hauptrepräsentationssysteme? Versuchen Sie sich einmal an einen schönen Urlaubstag zu erinnern.

Ein schöner Urlaubstag

Wozu ist die Übung nützlich: *Repräsentationssysteme in der Sprache entdecken*

Wie war Ihr letzter schöner Urlaubstag? Was haben Sie erlebt? (Schreiben Sie Ihre Erinnerungen am besten auf, damit Sie später Ihr Lieblingsrepräsentationssystem entdecken können.)

....

....

....

....

Lesen Sie jetzt erst einmal weiter. Die Auflösung gibt es dann auf Seite 69/70). Diese Übung können Sie auch mit dem Thema „Ein schöner Arbeitstag" machen. Hier können eventuell andere Repräsentationssysteme vorrangig benutzt werden.

Eine weitere Art, sein Lieblingsrepräsentationssystem zu entdecken, bietet die folgende Liste (kennengelernt bei einem Seminar von advance „Institut für neues Lernen", Berlin). Überlegen Sie sich, was Ihnen als Erstes einfällt, wenn Sie an die folgenden Begriffe denken? Wenn Sie bei dem Wort Flugzeug zuallererst das Bild eines Flugzeuges sehen, machen Sie ein Kreuz bei „sehen". Kreuzen Sie bitte jeweils das an, was Ihnen als Erstes einfällt. Machen Sie den Test:

	sehen	hören	spüren/fühlen	riechen	schmecken
Brötchen					
Rosen					
Perlen					
Filzstift					
Kreide					
Erde					
Wein					
Sand					
Tee					
Haut					
Sonne					
Wind					
Regen					
Schnee					
Hund					
Katze					
Computer					
Papier					
Mehl					
Besteck					
Apfel					
Sonnenblume					
Wecker					
Musikkassette					
Bücher					
Mineralwasser					
Seife					
Bleistift					
Bettlaken					
Brokkoli					
Mathematik					
Germanistik					
Anwalt					
Versicherung					
Haustür					
Fenster					
Kinderspielplatz					

Addieren Sie nun Ihre Kreuze. Wo haben Sie besonders viele Kreuze gemacht? Wo besonders wenige? Oder haben Sie alle gleich verteilt? In dem Bereich, in dem Sie besonders viele Kreuze haben, liegt auch Ihr Hauptrepräsentationssystem. Habe ich zum Beipiel 18 Kreuze bei *spüren/fühlen*, 15 Kreuze bei *hören* und drei Kreuze bei *sehen* und drei bei *riechen*, dann sind meine Hauptrepräsentationssysteme *Spüren* (kinästhetisch) und *Hören* (auditiv). Habe ich die Kreuze ähnlich verteilt, sind alle Bereiche gleich gut repräsentiert.

Genauso, wie Sie jetzt Ihre eigenen Repräsentationssysteme herausgefunden haben, können Sie nun beginnen, die Wahrnehmungssysteme Ihres Umfeldes zu erkunden. Was können Sie hören, wenn Ihre Klientel mit Ihnen spricht? Welche Wörter benutzen sie?

Die meisten Menschen sind Mischtypen aus verschiedensten Repräsentationssystemen. Häufig überwiegen jedoch zwei unterschiedliche Systeme. Tänzer werden z.B. ihre Vorlieben im Bereich Bewegung (kinästhetisch) und im Bereich des Hörens (auditiv) haben. So kann man bei einigen Berufen erkennen, welche Repräsentationssysteme wahrscheinlich vorherrschen. Sportler werden eine kinästhetische Vorliebe haben, sie bewegen sich viel, Musiker haben meist eine auditive Vorliebe, da sie ein gutes Gehör für Noten haben, Maler und Fotografen kreieren Bilder, sie benutzen also den visuellen Kanal recht häufig.

Dies sind nur ganz einfache Beispiele, um zu verdeutlichen, woran man die Wahrnehmungs- und Verarbeitungssysteme bei anderen Menschen auch erkennen kann. Wenn Sie in Ihrer Arbeit die Repräsentationssysteme der Menschen, mit denen Sie arbeiten, ansprechen, können Sie sich besser verständlich machen. Erzähle ich zum Beispiel einem meiner Klienten, er solle sich von irgendwelchen Situationen ein Bild machen, er ist aber überwiegend ein „Auditiver" (Hauptkanal Hören), dann wird er mein Anliegen nicht so einfach verstehen. Lasse ich mich auf seine Landkarte ein und erkenne, welches System er bevorzugt, dann kann ich ihm die Dinge in seiner Sprache nahe bringen. Wenn ich ihm zum Beispiel sagen würde: „Was würdest du dir selbst sagen in solchen Situationen?", so erreiche ich ihn in seinem Repräsentationssystem. Ich spreche seinen auditiven (Hören) Wahrnehmungskanal an. Ich bekomme hierdurch eher Zugang zu meinem Klienten. Ich beginne seine Sprache zu sprechen.

Der einfachste Weg, die Repräsentationssysteme bei anderen Menschen wahrzunehmen, ist, auf ihre Sprache zu achten:

Auditive sagen gern:

➤ „Das *hört* sich gut an."
➤ „Das *klingt* gut."
➤ „Das *stimmt* genau!"
➤ „*Sag* mal ..."

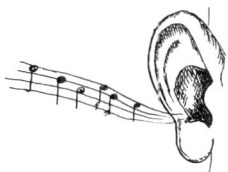

Für Auditive sind folgende Worte typisch: *zuhören, donnernd, leise, ruhig, flüstern, eintönig, zustimmen, harmonisch, in Einklang* ... Sie benutzen gerne Wörter, in denen es um den Klang, die Musik oder die Sprache geht.

Visuelle sagen sehr häufig:

➤ „Hast du das *gesehen* ..."
➤ „*Schau* dir das mal an ..."
➤ „Da fiel mein *Blick* hin ..."
➤ „Mach dir doch mal ein *Bild* von ..."

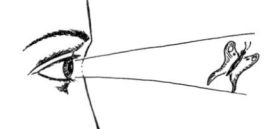

Typische Wörter für Visuelle: *sehen, schauen, blicken, erkennen, sichten, verbildlichen, deutlich machen, brillant, klar* ... Sie benutzen gern Wörter, die von visuellen Eindrücken sprechen, die die Augen oder Bilder benennen.

Kinästheten hören Sie oft sagen:

➤ „Lass uns etwas Schönes *machen* ..."
➤ „Die Arbeit *läuft* uns nicht davon ..."
➤ „Das *geht* gut."
➤ „Das *fühlt* sich gut an."

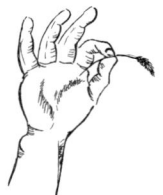

Folgende Verben sind in ihrer Sprache häufig zu entdecken: *spüren, empfinden, eingreifen, fühlen, behandeln, begreifen, berühren* ... Ihre Sprache ist geprägt von Aktivitäten, Bewegung und Gefühlen.

Weitere Repräsentationssysteme sind:

➤ **Olfaktorisch** – das heißt den Geruch betreffend: Menschen, die einen ausgeprägten Geruchssinn haben, mögen Parfums, sind empfindlich bei unangenehmen Gerüchen und können bei Erinnerungen oft erzählen, wie es wo gerochen hat. Ihre Lieblingswörter sind: *riechen, einatmen, stinkt, Geruch, duften* ...

➤ **Gustatorisch** – bedeutet den Geschmack betreffend. Hier handelt es sich um Menschen, die einen ausgeprägten Geschmackssinn haben. Wenn sie über ein Ereignis (Urlaub) berichten, können sie häufig erzählen, was es wo zum Essen gab, und erinnern sich an jede Menüfolge. Ihre Lieblingswörter sind: *schmecken, lecker, bitter* ...

Erkenne ich die Repräsentationssysteme meiner Umgebung, kann ich sie durch meine Sprache einfacher erreichen. Dies ist in der Arbeit mit Gruppen hilfreich. Sprechen wir vor Gruppen, wissen wir sehr selten, welche Wahrnehmungssysteme vorliegen. Je mehr dieser verschiedenen Repräsentationssysteme wir ansprechen, desto mehr Menschen erreichen wir. Häufig sprechen wir mit unseren Systemen nur eine bestimmte Gruppe von Menschen an. Bin ich zum Beispiel überwiegend auf das Sehen fixiert (visuell veranlagt), spreche ich in meinen Gruppensitzungen mit meiner Sprache eventuell nur die Visuellen an. Ich zeige viele Bilder usw. Die Menschen, die ihren Hauptrepräsentationskanal im Hören oder Fühlen haben, werden von meiner Sprache nicht angesprochen. Je mehr ich versuche, möglichst alle Systeme anzusprechen, desto mehr Menschen erreiche ich.

Als ich in einem meiner Seminare die verschiedenen Repräsentationssysteme erklärte, war eine der Teilnehmerinnen total schockiert. Sie war als Lehrbeauftragte an der Uni tätig und leitete verschiedene Seminargruppen.

Durch die Entdeckung der unterschiedlichen Sinnessysteme wurde ihr plötzlich klar, welche Studenten sie in ihren Seminaren überhaupt nicht ansprach. Ihr Hauptwahrnehmungskanal war eine Kombination aus Sehen und Spüren. Sie war fast peinlich berührt, als ihr klar wurde, wie wenig sie die Auditiven in ihren Seminaren ansprach. Wenn ihr jemand erzählte, er habe etwas irgendwo gehört, galt es für sie nicht, es war nicht relevant. Nach ihrem Muster mussten Tatsachen irgendwo nachgelesen worden sein. Dinge nur zu hören war für sie keine Argumentationsgrundlage. „Ich habe die Auditiven vollkommen außen vor gelassen", erkannte sie. „Wenn man irgendetwas irgendwo gehört hat, galt es für mich einfach nicht." Dieser Abend war ein „Aha"-Erlebnis für sie, und es war schön, wie offen sie dies mit uns teilen konnte. Ihre auditiven Studenten werden sich sicher darüber freuen.

Wenn Sie mit Gruppen arbeiten, ist es sehr hilfreich, alle Repräsentationssysteme anzusprechen, um möglichst viele Zuhörer zu erreichen. Versuchen Sie, in Ihrer Sprache viele Sinneskanäle bewusst zu nutzen. Je mehr Repräsentationssysteme Sie in Ihrer Sprache verwenden, desto mehr Menschen erreichen Sie.

Ein weiterer Weg, um die Repräsentationssysteme zu erkennen, sind die

5.3.3 Augenbewegungsmuster

Die NLP-Begründer haben herausgefunden, dass sich unsere Augen, je nachdem in welchem Sinn wir gerade denken, in eine bestimmte Richtung bewegen. Auch hier zeigt sich ein Muster, das einen Hinweis darauf gibt, wo sich ein Mensch gerade befindet. Ist er gerade im visuellen Kanal, denkt er gerade in Bildern, oder hört er oder fühlt er etwas?

72 • NLP in der sozialen Arbeit

> *Die Augen bewegen sich, wenn jemand uns etwas erzählt, hin und her. Je nachdem wo sie hinwandern, kann es für uns ein Hinweis sein, in welchem Repräsentationssystem sich unser Gegenüber befindet.*

Die Augenbewegungsmuster sind bei den meisten Menschen wie im folgenden Bild dargestellt:

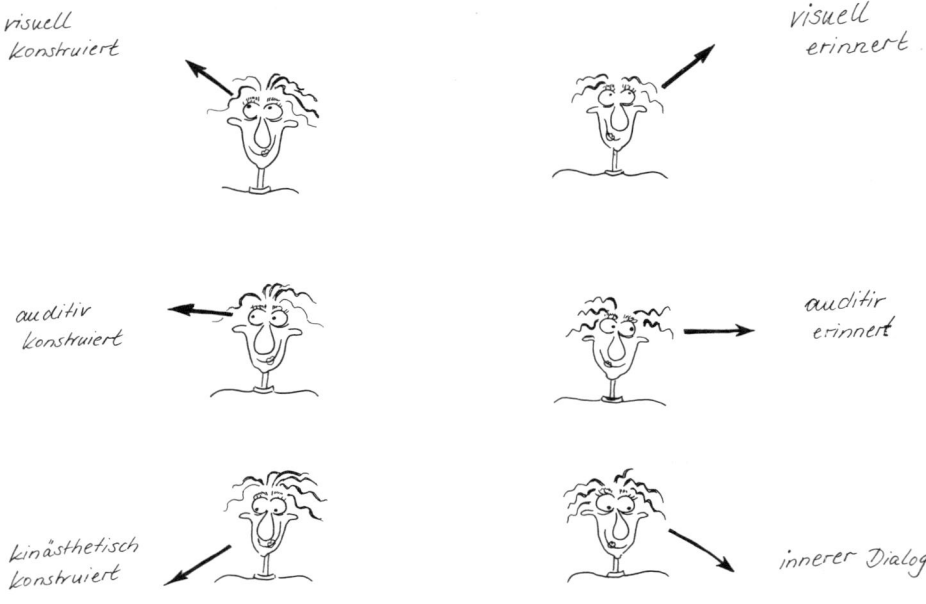

(vom Betrachter aus gesehen)

Augenbewegungsmuster

Diese Muster gelten für den Großteil der Rechtshänder. Bei Linkshändern kann ein Seitenwechsel vorliegen. Schauen Sie einfach genau hin, da es Ausnahmen gibt.

Norbert sitzt mal wieder neben mir auf der Bank. Er hat den Kopf nach unten gebeugt und schaut auf den Boden. Er möchte für sich eine Entscheidung treffen, die seine berufliche Laufbahn verändern könnte. Nachdem ich mir seine Bedenken angehört habe, versuche ich seinen Blick nach oben zu bringen, indem ich ihn auf ein Plakat aufmerksam mache, auf welchem sie Plätze für betreutes Einzelwohnen anbieten. „Ich werde es sowieso nicht schaffen, mich dort richtig zu verhalten, wenn ich mich bewerbe." „Was möchtest du in deinem Leben denn eigentlich gerne machen?" „Ich möchte eigentlich gerne etwas mit Musik machen", antwortet er mir wie aus der Pistole geschossen. *„ Ja, dann lass' uns doch einmal umhören und uns kundig machen, wo es ein Programm gibt, die für Jugendliche so etwas anbieten."* Während ich mit ihm rede, versuche ich Blickkontakt mit ihm zu halten und zu erreichen, dass er nicht mehr nach unten sieht.

Hier ist mir das Erkennen der Augenbewegungsmuster sehr hilfreich. Ich weiß, dass Norbert, so lange er nach rechts unten schaut, sich im inneren Dialog befindet. Hier sind bei ihm besonders all die negativen Glaubenssätze abgespeichert. Sätze, die er früher von seinen Eltern gehört hat oder von sich selbst. Hier hat er viele negative Vorannahmen über sich selbst abgelegt, die ihn in vielen Situationen behindern. Wenn er seinen Blick nach rechts oben bringt, befindet er sich in der visuellen Konstruktion. Das bedeutet, hier können die Bilder entstehen, die unsere Visionen beinhalten. Hier können wir uns Dinge vorstellen und neu konstruieren.

Wenn Norbert nach rechts oben sieht, wird es ihm viel einfacher fallen, sich vorzustellen, wie seine Zukunft aussehen könnte, wie es sein würde, wenn er als Musiker auf der Bühne steht.

Aus dem Augenbewegungsmuster erkennen wir, in welchem Kanal sich der Klient befindet. **Vom Betrachter aus gesehen** bedeutet es Folgendes, wenn jemand nach ***links*** blickt:

Visuelle Erinnerung: Schaue ich meinem Gegenüber in die Augen und er blickt nach *links oben*, dann befindet er sich in der visuellen Erinnerung. Er erinnert sich an ein Bild. Fragen Sie Ihr Gegenüber zum Beispiel, wie sein Klingelschild aussieht.

Auditive Erinnerung: Blickt mein Gegenüber *links zur Seite*, dann ist er in der auditiven Erinnerung. Hier erinnert er sich an Sprache und Musik. Fragen Sie Ihren Klienten nach seinem Lieblingslied und beobachten Sie, wo er hinschaut.

Zitate/Innerer Dialog: Sieht Ihr Gegenüber nach *links unten*, dann befindet er sich im „Inneren Dialog". Hier kann er sich an Zitate der Eltern erinnern und motivierende oder demotivierende Sätze hören, die er zu sich selbst sagt. Fragen Sie Ihren Gesprächspartner: „Was sagst du dir, wenn du dich motivieren willst?"

Wenn Sie jemanden ansehen und er schaut nach ***rechts***, befindet er sich im Bereich der Konstruktion:

Visuelle Konstruktion: Blickt mein Gegenüber nach *rechts oben*, konstruiert er ein Bild. Hier können zum Beispiel Visionen entstehen, wie sich Ihr Klient seine Zukunft vorstellt. Wie sieht sein nächstes Reiseziel aus? Fragen Sie ihn, wie sein bester Freund aussehen würde, wenn er rosa Haare hätte?

Auditive Konstruktion: Schaut mein Klient nach *rechts zur Seite*, dann befindet er sich in der Konstruktion von Klängen und Tönen. Fragen Sie ihn, wie es sich anhören würde, wenn zehn kleine Kinder sein Lieblingslied singen würden? Oder wie es sich anhören würde, wenn bei einem Polizeifahrzeug statt des Martinshorns Zirkusmusik ertönen würde?

Kinästhetisch (Gefühle/Körperempfindungen): Sieht mein Gegenüber nach *rechts unten*, befindet er sich im Bereich der Gefühle und Körperempfindungen. Fragen Sie ihn, wie es sich anfühlen würde, wenn man auf einer Wolke liegt. Oder: „Wie würde es sich anfühlen, wenn deine Haare bis zum Boden reichen würden?"

5.3.4 Sprachmuster erkennen

Meta-Modell

Richard Bandler und John Grinder hatten ein besonderes Interesse an Sprachmodellen. Sie entdeckten verschiedene Muster, die Menschen in ihrer Sprache benutzen. Bei der Modellierung der Therapeuten Fritz Perls und Virginia Satir entdeckten sie interessante Fragetechniken, die ungenaue Sprache klärt.

> *Dieses Sprachmodell nannten sie das Meta-Modell. Es hilft mit gezielten Fragetechniken, unklare Sprache zu entschlüsseln.*

Die folgende Geschichte zeigt, wie Sie Meta-Modell-Fragen in Ihrer Arbeit nutzen können:

„Wer ist hier eigentlich zuständig?" Mit diesen Worten kommt ein Herr aufgebracht in die Einrichtung: „Mein Kind ist vollkommen beschmiert. Das ist ja eine Unverschämtheit. Wie können Sie sich so etwas nur erlauben. Er ist voller Farbe ... Sie hätten in Ihrer Ausbildung besser aufpassen sollen, dann würde Ihnen so etwas nicht passieren. Ich kann meinem Sohn jetzt alles neu kaufen. Sie tragen dafür die Verantwortung. Alle Sachen von meinem Sohn sind vollkommen beschmiert, und das bekommt man auch nicht wieder heraus. Ich verlange Schadensersatz, und wer hat meinen Sohn überhaupt gezwungen, so etwas zu tragen? Wie ist der Name Ihres Vorgesetzten?"

Ohne dass Sie überhaupt Luft holen konnten, ist schon ein gesamtes Tribunal über Sie hergefallen, hat Sie angeklagt, hat Sie vor den Richter gebracht und Sie bereits verurteilt. Doch leider wissen Sie nicht warum und um was es sich überhaupt handelt. Haben Sie nicht selbst auch ähnliche Erfahrungen gemacht? Sie unterhalten sich mit einer Person und ehe Sie sich versehen, haben Sie selber vollkommen den Faden verloren, wissen überhaupt nicht mehr, wovon geredet wird und werden einfach nur überrollt. So schnell wie die Situation passierte, war sie auch schon wieder vorüber. Sie konnten keine einzige Frage stellen und haben irgendwann kein Wort mehr verstanden. Was können wir also tun, wenn jemand eine Nebelwand vor uns aufbaut und versucht, uns zu verwirren? NLP hat hier das **Meta-Sprachmodell** entwickelt, das gerade in solchen Situationen besonders hilfreich ist. Schauen wir uns noch einmal die Situation mit Herrn X an:

„Wer ist hier eigentlich zuständig?" Mit diesen Worten kommt ein Herr aufgebracht in die Einrichtung. „Mein Kind ist vollkommen beschmiert." *(Ihre Frage: Wer genau? In diesem Fall: Wer ist Ihr Sohn?)* „Das ist ja eine Unverschämtheit. Wie können Sie sich so etwas nur erlauben. Er ist voller Farbe." *(Wie genau? Wie ist dies genau passiert?)* „Sie hätten in Ihrer Ausbildung besser aufpassen sollen, dann würde Ihnen so etwas nicht passieren." *(Vergleich/Bewertung – Frage: Im Vergleich zu wem? Besser als was? Im Vergleich zu wem hätte ich besser aufpassen sollen?)* „Ich kann meinem Sohn jetzt alles neu kaufen. Sie tragen dafür die Verantwortung." *(Nominalisierungen – Frage: Wie bin ich dafür verantwortlich?)* „Alle Sachen von meinem Sohn sind vollkommen beschmiert, und das bekommt man auch nicht wieder heraus. Ich verlange Schadensersatz, und wer hat meinen Sohn überhaupt gezwungen, so etwas zu tragen? Wie ist der Name Ihres Vorgesetzten?"

In diesem Fall hat Herr X. durch seine verschiedenen Filter einige Informationen ausgelassen, die aber für uns sehr wichtig sind, da wir sonst nicht wissen, worum es sich eigentlich handelt. Ihm ist sehr wohl klar, was er meint und wen er meint. NLP nennt diese Form (von Sprachveränderung) auch **Tilgung**. Würde man die entsprechenden Fragen nicht stellen, würde man entscheidende Informationen nicht erhalten. Herr X tilgt Informationen. Um diese entscheidenden Informationen zu bekommen, benötigen wir die entsprechenden Fragen, damit wir das Problem lösen können.

Eine andere Form, um Sprache zu verklären, sind die Generalisierungen.

Generalisierung

Während einer Kanutour kommen zwei Jugendliche, die in einem Kanu fahren, zu mir: „ Ich fahr nicht mehr mit Heidi weiter, die paddelt nie und außerdem will sie immer eine Raucherpause nach der anderen machen. Vorhin hat sie mir dann auch nicht mehr geholfen das Kanu auszuladen", meckert Mathias. „Na, Mathias ist sowieso immer der, der alles macht. Ich kann nun mal keine Kanus ausladen. Jungs sind sowieso alle blöd", beschwert sich Heidi. Auch hier geht es wieder darum, an der entsprechenden Stelle die richtigen Fragen zu stellen.

Bei einer Generalisierung werden die Dinge gerne über einen Kamm geschoren. Wie zum Beispiel: *Alle Deutschen sind Kartoffelesser* oder *alle Blondinen sind doof*. In diesem Fall wären folgende Fragen besonders wirkungsvoll:

Also nochmal: Während einer Kanutour kommen zwei Jugendliche, die in einem Kanu fahren, zu mir: „Ich fahr nicht mehr mit Heidi weiter, die paddelt *nie* und außerdem will sie *immer* eine Raucherpause nach der anderen machen. Vorhin hat sie mir dann auch nicht mehr geholfen, das Kanu auszuladen", meckert Mathias. (Verallgemeinerungsfrage: *Wirklich nie? Wirklich immer?* – In diesem Fall: *Paddelt Heidi wirklich nie? Und will sie wirklich immer eine Raucherpause machen?*) „Na, Mathias ist sowieso *immer* der, der *alles* macht." (Verallgemeinerungsfrage: *Ist Mathias wirklich der, der immer alles macht?*) „Ich kann nun einmal *keine Kanus ausladen.*" (Frage: *Was würde passieren, wenn du Kanus ausladen könntest?*) „Jungs sind sowieso *alle* blöd", beschwert sich Heidi. (Verallgemeinerungsfrage: *Sind wirklich alle Jungs blöd?*)

Manchmal müssen Sie die Fragen auch gar nicht stellen, da Sie mit ein paar Andeutungen meistens schon die Generalisierungen entlarven. Wichtig ist natürlich, bei all diesen Fragetechniken mit Respekt vorzugehen. Manche Menschen vertragen es nicht unbedingt, wenn man sie fragt, was denn passieren würde, wenn sie etwas in ihrem Leben verändern würden. Diese Art zu fragen kann sehr verletzen, und man sollte versuchen, sich zu vergewissern, ob man diese Fragen zu diesem Zeitpunkt stellen kann. Seien Sie also behutsam, da Sie einigen Leuten eventuell auf den Schlips treten können.

Eine weitere schöne Sprachentwirrungsfragetechnik sind die Fragen, die die sprachlichen **„Verzerrungen"** aufdecken. Schöne Episoden hierzu liefern meine Erlebnisse in Jugendfreizeiteinrichtungen, wenn es darum geht, den Club zu renovieren und viele Jugendliche anfassen sollen.

Wir renovieren gerade den offenen Bereich und ich beauftrage Peter, eine Wand weiß zu streichen. Peter ist bekannt für seine Ausreden und weiß sehr genau, wie man sich schnell „verdrücken" kann, wenn es darum geht, mit anzufassen. Peter steht vor mir: „Wenn ich jetzt die Wand streichen muss, bekomme ich bestimmt eine 5 im Diktat. Du solltest doch eigentlich wissen, dass ich morgen ein Diktat schreibe und dafür noch üben muss. Und wenn ich mich heute überanstrenge, werde ich die Arbeit bestimmt in den Sand setzen."

Bei dem Sprachmodell „Verzerrung" verzerrt die Person den Inhalt der Sätze und stellt zum Beispiel einen verzerrten Ursache-Wirkungszusammenhang her, der so nicht existiert. Peter steht vor mir: „Wenn ich jetzt die Wand streichen muss, bekomme ich bestimmt eine 5 im Diktat." (Frage: *Wie verursacht das Streichen der Wand, dass du morgen eine 5 schreibst?* Ursache-Wirkungszusammenhang: *Wie genau verursacht das eine das andere?*) „Du solltest doch eigentlich wissen, dass ich morgen ein Diktat schreibe und dafür noch üben muss." (Frage: *Woher kann ich wissen, dass du morgen eine Arbeit schreibst?* Gedanken lesen: *Woher kann ich das wissen?*) „Und wenn ich mich heute überanstrenge, werde ich die Arbeit bestimmt in den Sand setzen." (Zitate: *Wer sagt das? Wer sagt das, wenn du dich heute überanstrengst, wirst du morgen die Arbeit in den Sand setzen?*)

Sprache zu entwirren ist Übungssache. Die Fragetechniken sind in Beratungsgesprächen sehr hilfreich. Gerade dann, wenn Sie merken, Sie kommen nicht mehr voran, weil die Person vor Ihnen „generalisiert" oder Ursachen und Wirkungen durcheinander würfelt, kann mit diesen Fragen der entscheidende Punkt herausgefunden werden.

Wenn Seminarteilnehmer zu mir kommen und mir versuchen zu erzählen, dass sie wirklich noch nie ein Erfolgserlebnis in ihrem Leben hatten, und mir erklären, dass sie immer Pech hatten, kann man dies mit der Frage: „Wirklich nie?" sehr schnell klären. Mit diesen Fragetechniken wird es einfacher, nachzufragen, ob die Person sich nicht doch vielleicht an etwas erinnern kann. Oder denken Sie nur an die Situationen, wo Sie etwas mit „gedankenleserischer Sicherheit" hätten wissen sollen? Aber woher? Jetzt wissen Sie, wie Sie die richtigen Fragen stellen. Beratungsgespräche verkürzen sich, da Sie sich über die Sprache nicht mehr so schnell verwirren lassen. Mit einiger Übung geht es schnell an entsprechenden Stellen, zum richtigen Zeitpunkt die „richtige" Frage zu stellen.

Hier noch einmal eine Übersicht über die verschiedenen **Fragetechniken des Meta-Modells**:

Tilgung

Im Fall von Tilgungen werden ganz bestimmte Informationen ausgelassen.

Beispielsatz: „Mein Kind ist vollkommen beschmiert." Fragetechnik: *„Wer genau?"* Oder: *„Wie genau?"*

Beispielsatz: „Sie hätten in Ihrer Ausbildung besser aufpassen sollen ..." Wenn Sie auf **Vergleiche** oder Bewertungen in der Sprache treffen, fragen Sie: *„Im Vergleich zu wem?"* Oder: *„Besser als was?"*

Bei **Nominalisierungen** werden die Verben in der Sprache zu Nomen gemacht. Die Benutzung von Nominalisierungen können wir gut bei Politikern beobachten. Sie benutzen Worte, die wenig und gleichzeitig sehr viel aussagen können (z.B. Freiheit, Demokratie, Klarheit, Offenheit, Ehrlichkeit, Verantwortung). In der Fragetechnik macht man diese Nominalisierungen wieder rückgängig. Die Nomen werden wieder zu Verben gemacht, damit man herausfinden kann, worum es sich eigentlich handelt. Beispiel: „Sie tragen dafür die Verantwortung." Frage: *„Wie bin ich dafür verantwortlich?"*

Generalisierung

Verallgemeinerungen: Hier werden gerne Worte benutzt wie: *Immer, nie, alle, jeder ...* Frage: *„Wirklich immer?"* Oder: *„Wirklich nie?"* Oder: *„Wirklich alle? Jeder?"*

Modaloperatoren: „Ich darf nie ..." „Ich kann nicht ..." Frage: *„Was würde passieren, wenn ...?"*

Verzerrung

Ursache-Wirkungszusammenhang: „Wenn ich jetzt die Wand streichen muss, bekomme ich bestimmt eine 5 im Diktat." Frage: *„Wie genau verursacht das eine das andere?"*

Gedanken lesen: „Du solltest doch wissen, dass ich morgen ein Diktat schreibe und dafür noch üben muss." Frage: *„Woher kann ich das wissen?"*

Zitate: Hier handelt es sich häufig um Sätze, die wir von den Eltern oder anderen Autoritätspersonen übernommen haben. „Wenn ich mich heute überanstrenge, werde ich die Arbeit bestimmt in den Sand setzen." Frage: *„Wer sagt das?"*

Milton-Modell

Das Milton-Modell ist im NLP der Gegenpart zum Meta-Modell. Im Milton-Modell wurde die Sprache des Hypnotherapeuten Milton Erickson erforscht und modelliert. Milton Erickson war durch seine „vage" Sprache bekannt. Er benutzte in seinen Ausführungen bewusst ungenaue Formulierungen, damit sich in der Sprache viel Raum für Interpretationen finden lässt. Die Milton-Sprache wird gerne bei Phantasiereisen und Metaphern benutzt.

Beispiel Tilgung: Lassen Sie sich mitnehmen auf eine kleine Reise in das Reich der Phantasie. Sehen Sie sich, wie Sie in Gedanken auf einer schönen Wiese liegen. Es ist ein *wundervoller Tag*. Sie blicken in den Himmel und freuen sich über das atemberaubende *Wetter* ... Hier wird genau das Gegenteil der Sprachmuster des Meta-Modells genutzt. Im Milton-Modell werden Verben zu Nomen gemacht.

Nominalisierungen: „Du hast die *Stärke* ..."
  „Du hast die *Sicherheit* ..."
  „Du hast eine große *Ruhe* ..."

Unbestimmter Bezug: „Du kannst es schaffen ..."
  „Es ist einfach, dies zu gebrauchen ..."

Vergleiche: „Du kannst *einfacher loslassen*."
  „Ich kann mich *leichter entspannen*."

Generalisierungen: *„Alle* Wahrnehmungen sind schön."
  „Jeder wird sich daran erfreuen."
  „Es wird *immer* interessanter."

Modaloperatoren: „Du kannst dich jetzt entspannen."
  „Du musst jetzt nichts mehr leisten."
  „Du darfst entscheiden ..."

Mehr zum Thema Milton-Modell finden Sie bei Jay Haley: *„Typisch Erickson"* (siehe Literatur).

5.4 Kritische Gedanken zum NLP

„Erst zweifeln, dann untersuchen, dann entdecken." – Henry Thomas Buckle

In der Hand von Fachleuten bietet NLP eine interessante Ergänzung zum herkömmlichen Handwerkszeug. NLP bietet für mich eine gute Erweiterung der psychologischen und pädagogischen Methodenvielfalt. Es ist eine Bereicherung, anders mit Problemen und Schwierigkeiten umzugehen. Die Idee, die positive Absicht eines Problems zu sehen und ein neues Ziel zu entwickeln, ist eine andere interessante Sichtweise. Schwierigkeiten bleiben nicht in der Ursachenforschung stecken, sondern bekommen eine neue Richtung. Im NLP muss nicht immer tief greifend in Problemen herumgewühlt werden, um sie zu lösen. Mit NLP kann die Lösung anders gefunden werden.

NLP ist in den Händen psychologisch oder pädagogisch geschulter Fachleute eine gute Ergänzung in der täglichen Praxis. Auch mit NLP können tiefere Prozesse in Gang gesetzt werden, die von „qualifizierten" Beratern aufgefangen werden können. In der täglichen Arbeit ist es manchmal schwierig, die Zeit und den Raum für die Arbeit mit NLP zu finden. Wollen Sie zum Beispiel Ihre Klienten an die Arbeit mit „positiven Verstärkern" heranführen, benötigen Sie Zeit, Ruhe und Feingefühl. Wichtig ist auch, sich daran zu erinnern, was man mit seinen Interventionen auslöst und ob man die Zeit hat, dies aufzufangen. Man darf seinen Klienten z.B. nicht zu der Erkenntnis führen, dass ein Familienmitglied ein Alkoholiker ist und ihn dann mit dieser für ihn neuen Information alleine lassen.

NLP kann eine Menge Veränderungen mit sich bringen. Versuchen Sie sicherzustellen, das Ihre Interventionen auch zu Ihrer Klientel passen. Und erinnern Sie sich in der Arbeit mit Zielen daran, dass nicht jede Couchpotatoe zu einem Arnold Schwarzenegger werden möchte.

NLP bedeutet eben auch nicht, dass plötzlich alles möglich ist, dass man alles erreichen kann, wenn man nur will. Für mich bedeutet es auch nicht, nur noch milde lächelnd durch die Gegend zu laufen und allen zu erzählen, wie gut und wie toll alles ist, nur weil man NLP anwendet. Aber NLP bietet in der Arbeit gute Werkzeuge an, die Menschen darin zu unterstützen, ihre eigenen Potenziale zu entdecken. Es wird möglich, Ihnen zu zeigen, dass manchmal mehr oder anderes machbar ist, als sie selber geglaubt haben.

Zusammenfassung:

NLP versucht, die Modelle und Strategien von Genialität und Höchstleistungen für alle Menschen zugänglich zu machen. NLP geht von folgenden „Vorannahmen" aus:

1. *Jeder Mensch hat seine eigene Wahrnehmung der Welt und besitzt seine eigene individuelle Landkarte.*
2. *Im NLP gibt es kein Versagen, sondern nur eine Rückmeldung auf das Verhalten, das man gezeigt hat.*
3. *Jedes Verhalten hat eine positive Absicht, und es gilt, sich auf Ziele zu konzentrieren und nicht auf Probleme.*
4. *Jeder Mensch hat alle Ressourcen in sich, und jede Kommunikation zu einer anderen Person kann verändert werden.*

NLP betrachtet die Menschen in der Vielfalt ihrer Kommunikation und hat entdeckt, dass der Mensch mit all seinen Sinnen die Welt wahrnimmt und sich diese Sinneswahrnehmungen in seiner Sprache, der Bewegung seiner Augen usw. repräsentieren (Repräsentationssysteme). Die Sprachmodelle des Meta- und des Milton-Modells zeigen Sprachmuster auf, wie Menschen Sprache benutzen und wie man gezielt fragen oder vage Sprache benutzen kann.

6. Selbstmanagement

Für Menschen im Managerbereich gibt es unterschiedlichste Trainingsprogramme. Ein großer Schwerpunkt: Wie versetze ich mich selbst in die Lage, gute Arbeit zu leisten? Hier ist vielen klar: Grundvoraussetzung, um gute Arbeit machen zu können, ist, dass es mir selbst gut geht. Bin ich selber in einem entspannten Zustand, dann kann ich besonders kreativ und effektiv meine Arbeit gestalten. Erst wenn ich selber einigermaßen ausgeglichen bin, mich selbst akzeptiere mit guten und schlechten Seiten, bin ich in der Lage, meine Mitarbeiter gut anzuleiten.

Im sozialen Bereich, in dem man sich um die Probleme und Sorgen anderer Menschen kümmert, ist es besonders wichtig, ein stabiles und ausgewogenes Verhältnis zu sich selbst zu haben. In den Ausbildungen im sozialen Bereich wäre es wünschenswert, wenn hierauf mehr Wert gelegt werden würde: Wie kann ich mich selbst wieder aufbauen, welches Bild habe ich von mir, wie kann ich mich schützen, was kann ich mir Gutes tun und wie gehe ich mit mir selbst um?

Die Ideen einiger Managertrainingsprogramme zeigen eine große Ähnlichkeit mit den Grundgedanken des NLP. Eine Basis dieser Trainingsprogramme ist das Gedankenmanagement oder, wie man es im NLP nennen würde, die Arbeit mit Glaubenssätzen. Als Glaubenssätze bezeichnet man im NLP die Gedanken, die wir über uns, andere Menschen und unsere Umwelt haben. Es ist das, was wir über uns und die Welt denken. Verändere ich diese Glaubenssätze, verändere ich auch gleichzeitig mein Verhalten und mein Handeln. Wenn ich von mir denke, dass ich ein guter Pädagoge bin, werde ich mich anders verhalten und handeln, als wenn ich denke, dass ich ein schlechter Pädagoge bin. Einige hilfreiche Glaubenssätze für den sozialen Bereich habe ich im Gedankenmanagement zusammengetragen.

6.1 Trainingskoffer – Gedankenmanagement

> „Die Zeitspanne bleibt die gleiche, egal, ob ich die Zeit positiv oder negativ verbringe." – *Japanisches Sprichwort*

6.1.1 Unsere Sichtweise der Welt bestimmt unser Leben

„Manche Menschen geben immer den Umständen die Schuld an dem, was sie jetzt gerade sind. Ich glaube nicht an widrige Umstände. Wer in der Welt vorankommt, macht sich die äußeren Umstände zunutze und nicht zum Nachteil." – *George Bernard Shaw*

Ich werde zu dem, was ich von mir denke. Meine Gedanken, die ich denke, bestimmen mein Leben. Denke ich negativ über Situationen, habe ich gute Chancen, dass sich die Situation dorthin entwickelt. Denke ich neutral: „Na, mal sehen, was passiert" oder: „Das kann vielleicht ganz nett werden", sind das vollkommen andere Sichtweisen. Denke ich mir meine Welt so zurecht, dass ich arbeitslos werden kann, keinen Partner finde, wenig Geld verdiene und keinen Erfolg habe, sind die Chancen groß, dort hinzukommen. Ich gebe mir nämlich selbst keine Chance. Dies ist einer der elementarsten Lebensentwürfe und Gedanken. Gebe ich mir durch meine Gedanken selber keine Chance, ein erfolgreiches, glückliches und erfülltes Leben zu leben, mache ich es mir schwerer. Menschen, die Erfolg haben, denken positiv über ihre Aussichten nach.

Ich kann Situationen in meinem Leben positiv oder negativ betrachten. Wenn mir der Bus vor der Nase wegfährt, kann ich mich lange darüber ärgern, wieso mir dies gerade wieder passiert ist. Ich kann, wenn ich es möchte, den ganzen Tag damit zubringen, mich darüber aufzuregen, und wenn ich es will, noch viele meiner Kollegen, Freunde und meine Familie in meinen Ärger mitnehmen, wenn ich will. Wenn man dies möchte, ist das in Ordnung.

Manchmal möchte ich aber vielleicht etwas anderes denken. Dann könnte ich mich zum Beispiel dazu entscheiden, einen kurzen Spaziergang zur nächsten Haltestelle zu machen, anstatt zu warten. Ich könnte dann zum Beispiel den schönen Tag, die Blätter an den Bäumen wahrnehmen und genießen oder mich an anderen schönen Dingen des Lebens erfreuen. So komme ich dann vielleicht etwas zu spät, jedoch gut gelaunt ins Büro. **Es ist jeden Tag aufs Neue unsere Entscheidung, wie wir die Welt um uns herum bewerten:** Nicht immer ist es der böse Nachbar, der böse Kollege usw. Entscheiden Sie, inwieweit Sie sich von anderen Menschen verärgern lassen, inwieweit Sie anderen Menschen die Macht über ihr Wohl- oder Missempfinden geben wollen. Betrachten wir die Welt um uns herum freundlich, werden wir es einfacher haben als mit dem Grundgedanken einer uns gegenüber feindselig eingestellten Welt.

6.1.2 Wie bewerte ich, was um mich herum passiert?

Wie lange möchte ich meine Zeit damit verschwenden, mich über ein Problem oder über eine Situation zu ärgern? Versuchen Sie doch einfach, sich in gute Schwingungen zu bringen, und fragen Sie sich: „Was ist jetzt komisch an dieser Situation? Und wie kann ich mich von den negativen Gedanken lösen? Wie kann ich das Schöne wieder sehen?" Schauen Sie sich dann einfach um und versuchen Sie etwas Schönes zu entdecken. Ein weiterer hilfreicher Satz ist auch: „Es wird schon seinen Sinn haben oder ich werde später herausfinden, was ich hier lernen sollte."

Wieviel Zeit Sie negativen und positiven Situationen und Erlebnissen geben, ist Ihre Entscheidung. Entscheiden Sie sich jetzt einfach, das zu denken, was Sie wollen und was Ihnen gut tut. Vera F. Birkenbihl beschreibt in einem Artikel zu dem Thema: „Macht positives Denken krank", dass es beim positiven Denken nicht darum geht, nur positiv oder nur noch negativ zu denken. Es bedeutet auch nicht, alles Negative zu verdrängen und sich damit in noch größere Probleme zu bringen.

> *Positives Denken bedeutet, sich für eine positive oder negative Denkrichtung zu entscheiden.*

Es geht darum, dass ich mir überlegen kann, was ich denken möchte und welche Richtung ich meinen Gedanken geben möchte. Es bedeutet nicht, nur noch fröhlich durch die Gegend zu laufen, aber es geht darum, dass ich mich entscheiden kann, wann ich dies tue und wann nicht: Wann möchte ich meine Gedanken in eine positive Denkrichtung bringen und wann nicht?

6.1.3 Positives Denken: Was ich von mir denke, werde ich

Haben Sie das nicht auch schon oft beobachtet: Es gibt Menschen in Ihrer Umgebung, denen fast alles ohne Probleme in den Schoß fällt. Sie scheinen keinerlei Schwierigkeiten zu haben, wo Sie Wochen benötigen würden, um vergleichbare Dinge herzustellen.

Kennen Sie diesen „inneren Dialog", der Ihnen bei Ihren Vorhaben immer wieder sagt, dass Sie das nicht können, dass Ihnen dazu die Ausbildung, das Wissen oder die Weisheit fehlt? Kennen Sie all diese „Wenns" und „Abers", die Ihnen oft im Vorfeld schon die Chance nehmen, überhaupt anzufangen?

Was denken Sie eigentlich über sich selbst? Sind Sie eine erfolgreiche und glückliche Persönlichkeit oder denken Sie für sich, dass Sie auf alle Fälle immer hart arbeiten müssen, um Erfolg zu haben? Wir haben eine Menge innerer Stimmen, die uns behindern und uns dann nicht weiterkommen lassen. Menschen, die Erfolg haben, haben gelernt, diesen „inneren Dialog", diesen teilweise extremen Kritiker abzuschalten.

> *Erfolgreiche Menschen gehen davon aus, dass sie die Ziele, die sie sich gesetzt haben, erreichen werden.*

Der einfachste Trick hierzu: Sie sagen es sich selbst. Sie machen sich Bilder davon, wie es sein wird, dort angekommen zu sein. Und das Wichtigste: Sie glauben fest daran, dass sie es schaffen werden. Sie werfen nicht gleich die Flinte ins Korn, wenn die ersten Hindernisse und Schwierigkeiten auftauchen. Sie glauben an sich. Natürlich können Sie jetzt sagen: Alle anderen haben bessere Voraussetzungen etc. Dann hören Sie aber in diesem Moment schon wieder auf den inneren Kritiker, der Ihnen manchmal schon im Vorfeld alles kaputt macht und Ihnen gar keine Chance gibt.

Beobachten Sie sich einmal einen Tag lang. Was denken Sie eigentlich über sich? Was denken Sie, was Sie sich zutrauen können? Bringen Sie Ihr Denken in die Richtung, in der Sie es haben wollen. Stellen Sie sich morgens vor, wie Sie Ihr Ziel erreichen können und versuchen Sie sich positiv zu beeinflussen. Beginnen Sie mit Ihren Gedanken, geben Sie sich selbst eine Chance, mehr aus Ihrem Leben zu machen. Denn auch Sie wissen, dass die meisten Menschen nur 80% ihres Potenzials in ihrem Leben ausleben. Versuchen Sie doch einfach mal die restlichen Potenziale zu erforschen.

6.1.4 „Achte auf deine Gedanken, sie sind der Anfang deiner Tat." – *chinesisches Sprichwort*

Sich kritisch mit den alltäglichen Dingen des Lebens auseinander zu setzen ist eines der ersten und wichtigsten Dinge, die wir in der Schule oder auch bereits im Elternhaus lernen. Unsere Kritikfähigkeit lässt uns Situationen besonders genau beleuchten und analysieren. Ständiges kritisches Hinterfragen kann dazu führen, dass wir nicht mehr in der Lage sind, auch das Positive im Leben, in der Arbeitswelt zu sehen. Kritisiere ich meine Mitarbeiter nur noch oder werde ich von meinem Vorgesetzten nur noch kritisiert, kann ich Schwierigkeiten bekommen, noch das Gute an den Dingen zu bemerken. Habe ich überwiegend negative und kritische Gedanken, kann dies zu Misserfolg führen. Menschen, die positive Denkstrategien für sich entwickelten, haben eher Erfolg. Sie reiben sich nicht so lange an negativen Gedankenkonstrukten auf und haben mehr Energie.

Eine positivere Lebenseinstellung macht das Leben einfacher. Menschen sind uns zugewandter und freuen sich über unsere positive Lebenseinstellung. Negative Gedanken vergeuden wertvolle Zeit. Positive Gedanken führen zu positiven Handlungen. Es kommt darauf an, was für ein Feld ich um mich herum erzeugen möchte. Möchte ich mir in meinen Leben die Dinge so vorstellen, wie sie sein könnten, oder möchte ich mir all das vorstellen, was negativ passieren könnte?

> *Es ist jeden Tag auf's Neue meine Entscheidung, wie und was ich denken möchte.*

6.1.5 Leben ist Veränderung

„Wir wollen Erfolge ohne Mißerfolge und Taten ohne Fehler. Das ist wie Tage ohne Nächte und Berge ohne Täler." – *Vera F. Birkenbihl*

Häufig schauen wir in unserem Leben auf die Dinge, die nicht funktionieren. Wir haben in unserer Gesellschaft gelernt, den Blick auf das Fehlerhafte zu lenken. Fehler oder Probleme sind nackte Tatsachen, dass wir etwas nicht geschafft haben. Aber überlegen Sie es sich einmal: Welches sind die realen Punkte, wo Sie in Ihrem Leben etwas dazugelernt haben? Wie war es, wenn alles glatt gelaufen ist? Wir sind in unserem Leben permanent Veränderungen ausgesetzt. Leider lernen wir dies viel zu wenig. Häufig wird einem die „Für-immer-und-ewig"-Methode vorgelebt. Das Leben verändert sich jedoch permanent. Was ist denn für immer und ewig? Fällt Ihnen dazu irgendetwas ein? Gerade dies ist ein Punkt, den ich ebenfalls im NLP wiederfand: **Das einzig Konstante ist die Veränderung.**

Wenn wir unseren Kindern dies beibringen, werden sie es wesentlich einfacher haben. Erfahren sie, dass das Leben eine einzige Veränderung ist, dass immer wieder neue Dinge auftauchen, die unser Leben verändern, oder sie selbst Veränderungen anregen, dann werden sie Veränderungen interessant finden. Wir sollten sie darauf vorbereiten, dass Flexibilität und Ideenreichtum ein gutes Werkzeug sind, um für das Leben gewappnet zu sein. Wer wird denn heute noch sein ganzes Leben ein und denselben Job machen können? Heute ist Kreativität und Flexibilität im eigenen Lebenslauf gefragt. Je mehr Möglichkeiten ich zur Hand habe, desto mehr Chancen habe ich, mich für das zu entscheiden, was ich wirklich tun möchte. Je mehr Ideen ich habe, desto mehr Wahlmöglichkeiten habe ich, um nicht aufzugeben, wenn es schwierig wird. Ich lasse mich von kleinen Fehlschlägen nicht umstoßen, sondern nutze sie und komme dahin, wo ich hinkommen möchte.

6.1.6 Ich tue etwas für mich und damit für andere

Gerade, wenn wir mit anderen Menschen arbeiten, ist es unerhört wichtig, uns darüber klar zu sein, was wir von uns selbst denken. Wie sollen wir Rat geben, wenn wir uns selber als unwichtige Person erleben? Wie sollen Menschen von mir lernen können, auf sich zu achten, wenn ich selber nicht auf mich achte? Haben Sie sich schon einmal die Frage gestellt, wie Sie mit sich selbst umgehen? Betreiben Sie eventuell Raubbau an ihren Kräften?

Seien Sie nett zu sich. Geben Sie sich tagtäglich Ruhepausen, Auszeiten nur für sich. Nehmen Sie sich eine Stunde am Tag Zeit, die Ihnen ganz alleine zur Verfügung steht. Wir können anderen Menschen nur eine Hilfe sein, wenn wir uns wie ein Sportler mit täglichem Training in Form halten. Wie halten Sie sich in Form, um Ihre tägliche Arbeit machen zu können? Wann geben Sie sich Zeit, in der Sie sich um sich selbst kümmern und nicht mehr um die anderen? In dem Moment, wo Sie sich selbst achten, tun Sie etwas für sich und damit gleichzeitig auch etwas für Ihre Umgebung. Ihr Umfeld kann es dann genießen, Sie in entspannter und guter Stimmung erleben zu können.

6.1.7 Nichts verändert sich, außer ich selbst verändere mich

Es gibt Zeiten, da ärgern wir uns über verschiedene Dinge. Manchmal kann es so weit kommen, dass wir denken, die anderen müssen sich verändern, damit es uns besser gehen kann. Das Problem ist nur, dass wir meist keinen Einfluss auf die anderen haben. Halten wir starr an irgendwelchen Verhaltensweisen fest, sind wir eventuell dabei, uns festzubeißen. Nichts wird sich verändern, wenn wir uns nicht selbst verändern. Wünsche ich mir, irgendetwas solle anders geschehen, so sollte ich bei mir beginnen. Stelle ich mir die Frage, welche Möglichkeiten ich habe, um den Prozess positiv voranzutreiben oder was ich tun kann, damit sich die Dinge verändern können, so bringe ich mich in die Lage, wieder zu handeln. Lege ich die Hände in den Schoß und warte auf den/die Märchenprinzen/Märchenprinzessin oder sonstige Zauberer, die dann alles für mich erledigen, kann eine Veränderung der Situation ziemlich lange dauern. Werden Sie aktiv, versuchen Sie die Dinge, die in Ihrer Macht liegen zu verändern. Überlegen Sie sich: Was kann ich tun, damit diese Situation anders werden kann? Sie werden eventuell andere Menschen nur schwer in Bewegung bringen können. Beginnen Sie einfach bei sich selbst. Denn: Nichts verändert sich, außer ich selbst verändere mich.

6.1.8 Sich Ziele setzen

„**Ich werde zu dem, was ich mir wünsche.**" NLP arbeitet viel damit, sich persönlich Ziele für alle Lebensbereiche zu setzen, sei es nun für sich selbst, für die Beziehung oder für den Beruf. Ich kann mich sehr lange auf die Wartebank des Lebens setzen und warten, dass mich jemand entdeckt oder erlöst. Ich habe aber auch die Möglichkeit, zu beginnen, mir selber Ziele zu setzen.

Was möchte ich in meinem Leben gerne erreichen? Dies brauchen keine „großen" Erfolge zu sein; streben Sie nicht gleich olympisches Gold an. Hier sind eher die Dinge gefragt, die Ihnen wirklich wichtig sind in Ihrem Leben. Was möchten Sie für sich erreichen? Eine Familie gründen? Ein Haus bauen? Schöne Freundschaften pflegen? Erfolg im Beruf haben? Oder ein Musikinstrument spielen lernen? Jeder Mensch hat seine eigenen Ziele, die für ihn bedeutsam sind.

Was sind Ihre Ziele? Ich habe in meinem Leben einmal davon geträumt, ein Jahr einfach nur zu reisen. Um diesen Traum zu erfüllen, brauchte ich die entsprechenden Finanzen und den starken Willen, dass es möglich ist. Viele Hindernisse türmten sich vor mir auf, bevor es losgehen konnte. Was mir immer wieder half, diesen Traum Wirklichkeit werden zu lassen, war mein fester Entschluss und Wille, dass es möglich ist. Ich bin ein Jahr durch Nordamerika gereist von New York nach Mexiko über Kalifornien, Kanada bis nach Alaska und wieder zurück nach New York. In dieser Zeit habe ich 60.000 Kilometer zurückgelegt und eine der besten Zeiten meines Lebens gehabt. Ich zehre heute noch von diesem Traum, der in Erfüllung ging.

Versuchen Sie es einfach mal. Wovon träumen Sie? Seien Sie mutig, sich Dinge zuzutrauen, die Sie sich wünschen. Und vielleicht fallen Ihnen sogar die ersten Schritte ein, die in Richtung zu Ihrem Ziel führen.

6.1.9 Sich blamieren können

Einen schönen Satz, den ich in unterschiedlichen Managertrainingsprogrammen fand, war folgender: Haben Sie sich heute schon blamiert? Mit diesem und noch anderen Sätzen stimmten sich die Manager jeden Morgen ein, um sich auf den Tag vorzubereiten. Die Idee, sich blamieren zu können, sollte den Managern den Druck nehmen, alles perfekt machen zu müssen.

Sind wir in Situationen, in denen uns Fehler unterlaufen, finden wir sie meist nicht witzig. Doch wenn wir später darüber nachdenken, merken wir erst, unter welchen Druck wir uns eventuell gesetzt haben. Mit etwas Abstand können wir vielleicht über unsere Missgeschicke lachen. Jeder Mensch macht Fehler. Wieviel entspannter wäre es, wenn wir alle mehr über unsere Fehlleistungen lachen könnten, anstatt sie zu kaschieren. Eine meiner Kolleginnen hat die tollsten Erzählungen parat, wenn es um das Thema geht: Wann habe ich mich das letzte Mal so richtig blamiert. Sie kann die witzigsten Storys erzählen und bringt damit alle zum Lachen, aber auch nur, weil sie über sich selbst lachen kann. Welches waren Ihre letzten Blamagen? Fragen Sie einmal Ihre Mitmenschen nach ihren peinlichsten Erfahrungen. Sie werden sehen, Sie können eine Menge Spaß damit haben. Sich Fehler einzugestehen und Blamagen auszusprechen ist für unsere Arbeit wichtig.

In dem Buch von E.P. Seligman *„Kinder brauen Optimismus"* wird beschrieben, wie hilfreich es für unsere Kinder ist, wenn sie erleben, dass Menschen Schwächen haben. Kinder können aus Fehlern lernen, wenn sie nicht vertuscht werden. Wir sind Vorbilder für unsere Kinder und unsere Klientel. Wie sollen sie erfahren, dass Misserfolge das Normalste von der Welt sind, wenn niemand Fehler begeht? Wie sollen sie lernen, wenn alle Menschen um sie herum so fabelhaft fehlerlos erscheinen?

Seien Sie mutig und zeigen Sie sich selbst und auch Ihrer Klientel, wie man mit eigenen Unzulänglichkeiten anders umgehen kann. Machen Sie sich zum Motto, jeden Tag einen Fehler zu begehen. Sie werden dadurch menschlicher. Sie werden für ihre Klientel zu jemandem, der nicht versucht, allen zu beweisen, dass alles doch eigentlich perfekt ist. Unsere Kinder können nur lernen, mit Misserfolgen umzugehen, wenn wir es ihnen auch vorleben. Welche Nachahmungsmöglichkeit haben sie sonst? Wir sollten ihnen die Chance geben, zu erfahren, wie es ist, auch mal zu versagen, und warum sie diese Tatsache nicht so tragisch nehmen müssen. Wie kann ich mich verhalten, wenn ich etwas verpatzt habe?

Für uns und die Kinder sind Fehler hervorragende Lernchancen. Lehren wir doch den Kindern, wie man über die eigenen Schwächen lachen kann. Nur unsere Gedanken machen Fehler zu Katastrophen. Denken wir gelassen über sie und denken wir, es sind Lernchancen, verlieren sie ihre Macht.

> *Es kommt nicht auf die Situation an, es kommt darauf an, was wir daraus machen.*

Geben Sie sich die Chance, durch Fehleinschätzungen zu erkennen, dass Sie wohl irgendetwas nicht beachtet haben und dass Sie so einen wertvollen Hinweis bekommen, den Sie sonst nicht erhalten hätten. Seien Sie gelassener mit sich selbst und seien Sie nicht so kritisch. Und überlegen Sie sich einmal, wen Sie interessanter finden? Einen Menschen, der scheinbar keine Misserfolge hatte, oder jemanden, der über seine Fehler lacht? Jemanden, der Ihnen erzählen kann, welche Fehleinschätzungen er machte und mit Ihnen teilt, was er daraus gelernt hat? Woraus können Sie mehr lernen?

Wie viele Fehler haben Sie schon in Ihrem Leben gemacht? Und waren es wirklich nur Fehler oder war es nur eine andere Methode, um etwas zu lernen?

Zusammenfassung:

1. In Managertrainings hat man erkannt, dass die Gedanken der Anfang einer Tat sind und dass unsere Sicht der Welt unser Leben bestimmt.

2. Erfolgreiche Menschen denken positiv über ihre Vorhaben nach und geben damit ihren Gedanken eine Richtung.

3. Das Leben bedeutet Veränderung. Möchte ich eine Veränderung erreichen, gilt es, bei mir selbst zu beginnen.

4. Fehler sind Lernchancen und geben uns Hinweise auf etwas, was wir nicht beachtet haben. Kinder benötigen die Chance, Menschen zu erleben, die Fehler machen, um zu lernen, wie man mit Misserfolgen umgeht und aus ihnen lernt.

7. Mein persönlicher NLP-Handwerkskoffer

NLP bietet eine Menge Methoden, die in der Arbeit von Nutzen sind. In meinem persönlichen Handwerkskoffer habe ich einige Techniken zusammengetragen, die Sie für Ihren eigenen guten Zustand nutzen können.

7.1 Energiequellen

7.1.1 Auftanken

Wir sind als „Sozial-Arbeitende" permanent Angriffen, Emotionen usw. ausgesetzt. Wir trösten, beruhigen, geben Kraft und auch Gefühl in unsere Arbeit. Wir brauchen, um diese Arbeit machen zu können, ein dickes Fell.

> *Wir hören viele Geschichten, die unter die Haut gehen, wo wir unsere Gefühle und Emotionen wegstecken, um professionell Hilfe geben zu können. Wir bauen andere auf und geben Halt.*

Wir sind da für andere. Doch sind wir auch für uns selbst da? Achten wir genug darauf, dass wir auch Kraft bekommen, dass wir uns wieder auftanken können? Überlegen Sie einmal, woran Sie merken, dass Sie nicht mehr in Balance sind?

Wo tanke ich auf?

Versuchen Sie einmal, sich etwas Zeit zu nehmen und zu überlegen, wo es Momente in Ihrem Leben gab, in denen Sie sich voller Energie und Kraft gefühlt haben. Oder vielleicht fallen Ihnen Momente ein, wo Sie keine Energie mehr hatten, Sie aber trotzdem durch irgendetwas wieder auf die Füße gekommen sind. Manchmal können es Menschen sein, die für Sie auch in schwierigen Situationen da sind, manchmal kann es ein Spaziergang sein, ein Bad in der Badewanne oder ein Klavierkonzert. Ähnlich wie die positiven Verstärker sind dies Situationen, die eine besondere Kraft haben und wo Sie auftanken, wenn Sie einmal leer gefahren sind. Überlegen Sie für sich, wo Ihre persönlichen Tankstellen stehen.

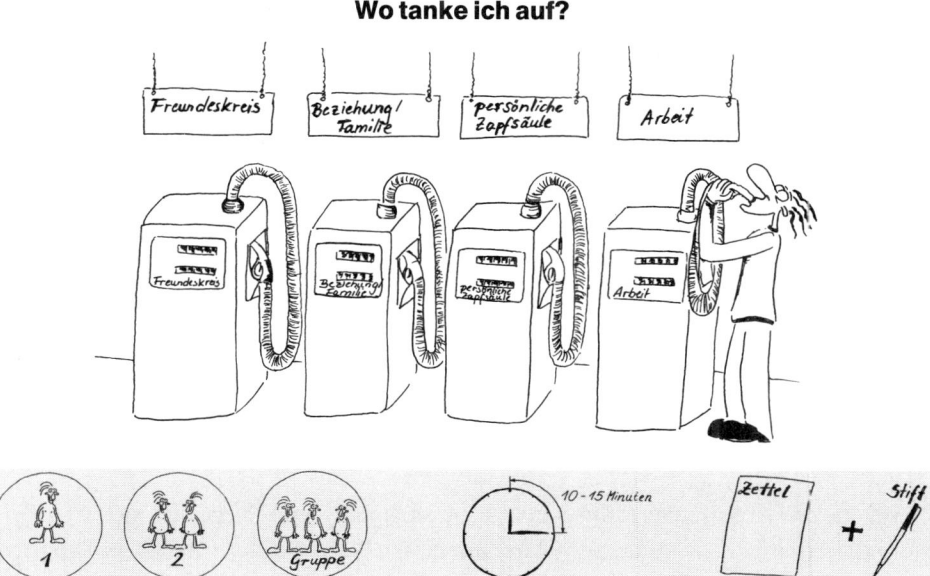

Wozu ist die Übung nützlich?

➤ Eigene Reserven bewusst machen und entdecken,
➤ positive Einflüsse anderer Personen erkennen und nutzen,
➤ sich um sich selbst kümmern.

Meine persönliche Zapfsäule: Ich tanke auf, wenn ich ...

1.
2.
3.

Meine Zapfsäule in meiner Beziehung/Familie: Ich tanke auf, wenn ...

1. _____
2. _____
3. _____

Meine persönliche Zapfsäule in meinem Freundeskreis: Ich tanke auf, wenn ...

1. _____
2. _____
3. _____

Meine persönliche Zapfsäule in meinem Arbeitsbereich: Ich tanke auf, wenn ...

1. _____
2. _____
3. _____

Wissen Sie jetzt, wie Sie auftanken? Setzen Sie dieses Wissen bewusst ein und bleiben Sie flexibel, denn nicht jeder möchte permanent eine Tankstelle sein. Achten Sie darauf, dass auch Sie Menschen betanken und dass nicht jede Tankstelle 24 Stunden geöffnet sein muss.

Neben diesen Kraftquellen gibt es noch eine Menge anderer Wege, um sich wieder in Kontakt zu seiner Kraft zu bringen. Hier nur einige Beispiele, die nützlich sein können, um sein Kraftpotenzial wieder zu spüren: Autogenes Training, Meditation, Yoga, Gebete, Feldenkrais, Reiki, Naturerlebnisse, Musik hören, Bücher lesen, Sport treiben, Tai Chi, Qi Gong, spielen etc.

7.1.2 Selbstmotivation

Was kann ich tun, wenn meine Motivation durch irgendwelche Gegebenheiten getrübt wurde und es mir nicht so gut geht?

Mein persönlicher NLP-Handwerkskoffer • 93

Wozu ist die Übung nützlich?

➤ Sich alter Erfolge wieder bewusst werden,
➤ sich in einen guten Zustand bringen,
➤ Erfolge genießen.

Übungsverlauf:

Setzen Sie sich in einen Stuhl und denken Sie an Ihre Erfolge in der Arbeit oder an Situationen, wo Sie sich mit sich selbst gut gefühlt haben. (Dies kann ein Gespräch mit jemandem gewesen sein, ein Jobangebot oder Ähnliches.) Lassen Sie sich Zeit und wählen Sie drei verschiedene Situationen aus. (Meist sind es die ersten Gedanken, die man wählen sollte.) Suchen Sie sich eine Situation heraus, an die Sie schon lange nicht mehr gedacht haben. Versuchen Sie, sich noch einmal mit all Ihren Sinnen daran zu erinnern, wie es Ihnen damals in dieser Situation ergangen ist. Wo waren Sie? Wer war bei Ihnen? Was können Sie alles sehen? Was können Sie alles hören? Hat irgendjemand etwas besonders Wichtiges zu Ihnen gesagt? Oder haben Sie selber zu sich selbst etwas Wichtiges gesagt? Gab es eventuell einen bestimmten Geruch, der mit dieser Situation einherging? Oder vielleicht sogar einen bestimmten Geschmack?

Versuchen Sie, die Situation noch einmal mit all Ihren Sinnen wahrzunehmen. Und nun denken Sie noch einmal daran, wie gut Sie sich dabei gefühlt haben. Genießen Sie diesen Erfolg, den Sie in Ihrer Arbeit hatten.

Wenn Sie die Situation für sich noch einmal komplett erlebt haben, können Sie wieder auf Ihren Stuhl in Ihren Raum zurückkommen und sich in der Jetztzeit an diesem Erfolg freuen. Denken Sie immer daran, dass Sie diesen Erfolg einmal in Ihrem Leben hatten und es keine Gründe gibt, warum dies nicht in einer anderen Form wieder passieren kann. Seien Sie stolz auf sich und auf das, was Sie können.

Erfolgsanker

Eine andere Form, sich an seine Erfolge oder an Zeiten zu erinnern, wo Sie ein gutes Gefühl zu sich selbst hatten, sind Erfolgsanker.

Für die Visuellen: Sammeln Sie zum Beispiel Fotos von Ihren Erfolgen. Ein Bild von Ihrem ersten Vortrag. Eine Situation mit Freunden, wo Sie sich sehr wohl gefühlt haben, eine Klassenraumsituation, eine Seminargruppe, eine Gruppensituation, eine schöne Gruppenfahrt, eine Beratungssituation, eine gute Abschlussnote usw. Stellen Sie diese Bilder an Ihrem Arbeitsplatz auf. Sie werden Sie immer wieder an Ihre Erfolge und auch daran erinnern, wie gut Sie Ihre Arbeit machen und wie viel Spaß sie macht.

Für die Auditiven: Besprechen Sie eine Kassette. Erzählen Sie sich selbst die Erfolge vom letzten Jahr. Oder überspielen Sie sich eine Kassette mit Ihrer Lieblingsmusik, mit den Liedern, die Sie positiv motivieren. Welche Musik bringt Sie in einen guten Zustand? Machen Sie sich eine „Powerkassette" mit Ihrer Musik und Ihren Powersätzen. Schreiben Sie sich Ihre Motivationssätze auf ein Stück Papier und legen Sie den Zettel gut sichtbar in Ihr Portmonee oder singen Sie Ihren Satz leise vor sich hin. (Oder singen Sie ihn laut, wenn Sie sich trauen.) So werden Sie häufig an Ihre Erfolge erinnert. Rufen Sie die Menschen an, die Sie schon einmal positiv motiviert haben. Allein die Stimme kann schon ein gutes Gefühl bei Ihnen auslösen.

Für Kinästheten: Bewegen Sie sich. Legen Sie Musik auf und bewegen Sie sich nach Ihrer Lieblingsmusik. Machen Sie eine oder mehrere Bewegungen, die Ihnen gut tun. Schreiben Sie eine Liste Ihrer letzten Erfolge. Ziehen Sie morgens Ihren Lieblingspullover, Ihre Lieblingshose oder Ihr Lieblingskleid an, wenn Sie merken, dass Sie heute eine Extraportion Motivation benötigen. Auch eine Kette, ein Ring, ein Stein oder ein Talisman kann Sie durch eine Berührung daran erinnern, dass Sie motiviert sind.

Gustatorisch/Olfaktorisch: Haben Sie vielleicht einen Lieblingsduft, der Sie besonders motiviert und Sie in einen guten Zustand bringt? Ihr eigenes Parfum, das Ihres Partners, Blumenduft? Tee- oder Kaffeegeruch, ätherische Öle? Oder schmecken Sie Ihr Getränk, das Sie bei Ihrem gelungenen Vortrag getrunken haben. Essen Sie die Bonbons, die Sie an ein schönes Seminar erinnern.

Mein persönlicher NLP-Handwerkskoffer • 95

Stellen Sie sich Ihre eigenen Erfolgs- und Motivationsanker zusammen.

Erfolgs- und Motivationsanker

Wozu ist die Übung nützlich?

➤ Selbstmotivation,
➤ sich in einen guten Zustand bringen,
➤ alle Wahrnehmungsebenen erinnern.

Mich motiviert, wenn ich das Bild von _____ sehe.

Mich motiviert bei der Arbeit, wenn ich die Musik von _____ höre.

Mich motiviert bei der Arbeit, wenn ich die Stimme von _____ höre.

Mich motiviert, wenn ich den Geruch von _____ rieche.

Mich motiviert, wenn ich _____ schmecke.

Mich motiviert bei der Arbeit, wenn ich _____ fühle.

Mich motiviert bei der Arbeit, wenn ich _____ bewege.

Mich motiviert bei der Arbeit, wenn ich _____ berühre.

7.1.3 Professionelles Handeln – Nähe und Distanz

Ein Mann geht zu einem Psychologen und erzählt ihm von einem Traum, den er in der letzten Nacht gehabt hat. In seinem Traum geht der Patient durch eine Stadt. Er sieht viele Gebäude. Der Therapeut fragt ihn: „Sehen Sie Fische in Ihrem Traum?" „Nein", sagt der Mann und erzählt weiter, wie er durch die Stadt geht und was er in seinem Traum erlebt. „Ja, gab es denn einen See in Ihrem Traum, wo Fische drin lebten?" „Nein", sagt der Patient. „Oder war da vielleicht ein Meer in der Nähe? Die Stadt lag doch bestimmt am Meer." „Nein", sagt der Patient, „da war auch kein Meer", und erzählt weiter von seinem Traum. „Aber sagen Sie mal, es hat doch bestimmt geregnet und in der Stadt haben sich Pfützen gebildet, in denen ganz winzig kleine Fische lebten." „Nein, es gab auch keine Pfützen", sagt der Patient mittlerweile schon etwas irritiert. „Jetzt hab ich's", sagt der Psychologe. „In der Stadt gab es doch auch Geschäfte." „Ja!", sagt der Patient, „Klar, in jeder Stadt gibt es Geschäfte." „Und da war doch sicherlich auch eine Zoohandlung mit dabei, wie in jeder Stadt." „Ja, da kann bestimmt auch irgendein Zoogeschäft gewesen sein, aber das ist eigentlich nicht so wichtig." „Na sehen Sie, es war sicher eine Zoohandlung mit Aquarien", erwidert der Therapeut erfreut. „Ja, kann sein", sagt der Mann. „Das war mir doch von Anfang an klar. Fische im Traum. Fische im Traum bedeuten nämlich ... ."

> *In unserer Arbeit gibt es häufig Situationen, die uns bekannt vorkommen. Situationen, in denen wir meinen, uns sei alles klar und wir wüssten genau, was wir machen müssen. Manchmal haben wir es dann mit Situationen zu tun, die ein Pendant in unserer eigenen Lebensgeschichte haben.*

Gerade in unserem Job ist es empfehlenswert, sich wenigstens einmal in seinem Leben mit sich selbst auseinander gesetzt zu haben. Wichtig ist, sich selbst immer wieder zu hinterfragen: „Warum habe ich diesen Job gewählt? Will ich eventuell eigentlich nur mir selbst helfen oder alte Wunden schließen, indem ich anderen Menschen das gebe, was ich selber nicht erhalten habe?" Suche ich für mich vielleicht nur Freunde? Oder mache ich diese Arbeit wirklich, weil ich denke, dies ist die richtige Aufgabe für mich? In unserer Arbeit ist es notwendig, dass wir unsere „alten Filme" nicht auf die Leute, mit denen wir arbeiten, übertragen. Wenn ich als Kind misshandelt worden bin, sehe ich dann eventuell Ähnlichkeiten bei den Kindern, mit denen ich arbeite?

In solchen Fällen und besonders bei Ähnlichkeiten im Lebenslauf heißt es für uns besonders achtsam zu sein und zu reflektieren, was man gerade macht und ob man möglicherweise seine eigene Geschichte reaktiviert. In diesen Fällen sind gute Freunde und Kollegen gefragt, am besten natürlich Supervision, die einem die Chance gibt, sich selbst ehrlich zu hinterfragen. Solches Hinterfragen ist wichtig in der Arbeit und schützt uns und unsere Klientel. Es schützt uns davor, grobe Fehler in unserem Job zu machen. Es schützt unsere Klienten davor, dass wir ihnen Ratschläge geben, die vollkommen fehl am Platz sind, weil wir gerade die Person vor uns aus den Augen verloren haben. Hört sich doch die Geschichte an wie ... entweder die eigene oder die eigenen Erfahrungen oder wie etwas, das wir schon einmal erlebt haben. Haben wir diesen Vorschlag schon einmal gemacht, und da war es genau das Richtige? Jeder Mensch, der zu uns kommt, ist verschieden. Jede Situation ist anders, auch wenn die Person vor mir Ähnlichkeiten mit einer anderen Person haben mag. Sie ist einzigartig und anders als alle anderen. Das Allerwichtigste ist, sich immer wieder zu vergewissern, wen ich vor mir habe. Mit wem arbeite ich gerade? Wer bin ich, wer ist die Person vor mir und wie kann ich für sie eine Unterstützung sein, um sie in die richtige Richtung loszuschicken? Manchmal ist es wichtig, sich seiner beruflichen Rolle wieder bewusst zu werden. Hier sind einige hilfreiche Werkzeuge, um einen professionellen Abstand zu wahren:

In die Schuhe des anderen schlüpfen (Ich, Du, Meta)

Diese Übung lehrt uns, wie wir es in Gesprächssituationen schaffen können, einen objektiveren Blick zu entfalten. In dieser Übung geht es darum, in einem Gespräch, mental, drei verschiedene Positionen einnehmen zu können: die eigene Position (ICH), die des Gegenüber (DU) und die des Beobachters (META).

Wozu ist die Übung nützlich?

➤ Eigene Grenzen wahren,
➤ Schutz – emotionale Beteiligung unterbrechen,
➤ um sich abzugrenzen,

➤ Überblick bewahren,
➤ anderes Verständnis für die Situation bekommen.

Wenn wir uns in einem Gespräch befinden, können wir versuchen, diese Positionen bewusst einzunehmen, gerade dann, wenn wir überprüfen wollen, ob wir wirklich all das richtig aufnehmen und wahrnehmen, was uns der Klient sagt.

Beginne ich mich zum Beispiel am Geschehen emotional beteiligt zu fühlen, gehe ich in die Beobachterposition und schaue von hier aus, was das ICH und das DU gerade miteinander machen. Was passiert gerade in diesem Gespräch? Verhält das ICH sich noch wie ein Berater? Oder wenn Sie bemerken, dass sie keinen richtigen Zugang zum DU bekommen, versetzen Sie sich einfach in Gedanken in die Position des DU. Nehmen Sie zu dem gedanklichen Einnehmen der Position des DU noch den körperlichen Rapport auf. Sie werden entdecken, dass Sie Ihren Klienten noch besser verstehen.

In Beratungsgesprächen ist es immer wieder sehr nützlich, in die META-Position (Beobachtersituation) zu gehen, um das Geschehen möglichst objektiv zu beobachten.

7.1.4 Drei Positionen

Jeder kennt es: Sie befinden sich in einem Gespräch und plötzlich läuft irgendetwas schief und es kommt zu Missverständnissen, zu Konflikten oder Problemen.

Manchmal geht es soweit, dass wir das Gespräch abbrechen müssen. Zurück bleibt ein komisches Gefühl, ein „Nicht-Verstehen", was eigentlich passiert und warum das Gespräch eskaliert ist. Eine gute Übung, um ein neues Verständnis und neue Verhaltensmöglichkeiten für die Situation zu bekommen, ist die Übung *„Drei Positionen"*.

Mein persönlicher NLP-Handwerkskoffer • 99

Drei Positionen

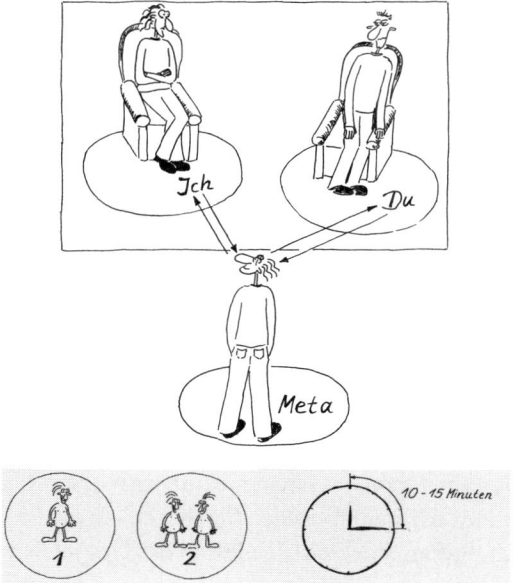

Wozu ist diese Übung nützlich?

➤ Alte Konflikte bearbeiten,
➤ neues Verständnis für schwierige Gespräche gewinnen,
➤ Zuversicht vermitteln, in der Zukunft Gespräche anders verlaufen zu lassen,
➤ wiederkehrende Situationen besser verstehen und mit Ressourcen anreichern zu können,
➤ neue Landkarten entdecken.

Übungsverlauf:

Erinnern Sie sich an ein Gespräch oder eine Situation, die für Sie mit einem unbefriedigenden Ergebnis endete. Versuchen Sie, sich die damaligen Gegebenheiten wieder ins Gedächtnis zu rufen. Wer ist die Person, mit der es zum Konflikt kam? Wo saß die Person und wo saßen oder standen Sie? Versuchen Sie, sich an alle Einzelheiten noch einmal zu erinnern.

Im zweiten Schritt stellen Sie zwei Stühle auf die Positionen ICH (1. Position), DU (2. Position) und reservieren sich einen Platz im Stehen für die META-Position (3. Position). Nehmen Sie dann die META-Position ein und betrachten Sie, ob die Positionen, die Sie verteilt haben, so richtig sind.

Im nächsten Schritt gehen Sie auf die ICH-Position. Erinnern Sie sich hier daran, wie Sie sich gefühlt haben, was Sie gesagt haben und wo der Punkt war, wo es zu dem Missverständnis kam. Wie haben Sie die andere Person wahrgenommen? Danach verlassen Sie diese Situation und gehen auf die META-Position zurück. Falls nötig, können Sie zwischen den einzelnen Schritten einen Separator machen (siehe Seite 137f).

Gehen Sie jetzt in die DU-Position, setzen oder stellen Sie sich so hin, wie Ihr Gegenüber es getan hat. Versuchen Sie jetzt zu spüren, wie die andere Person sich gefühlt hat. Was hat sie bewegt und was sagte oder dachte sie? Nehmen Sie alle Informationen auf, die Sie hier erhalten. Wie hat die andere Person Sie und das Gespräch wahrgenommen?

Begeben Sie sich jetzt wieder auf die META-Position. Stellen Sie sich nun die Frage, was Ihnen beiden in dieser Situation gefehlt hat (zum Beispiel: Vertrauen, Offenheit, Toleranz etc.). Stellen Sie die Frage zunächst an sich selbst und dann für die Position des DU.

Im nächsten Schritt versuchen Sie diese Qualität in sich zu entwickeln. Wie fühlen Sie sich, wenn Sie z.B. Sicherheit haben? Gehen Sie nun mit dieser Ressource (Sicherheit) noch einmal in die Situation hinein. Begeben Sie sich erst in die Position des ICH. Was verändert sich dadurch, indem Sie diese Qualität in das Gespräch mit hineinbringen?

Gehen Sie dann in die Position des DU und bemerken Sie auch hier, was sich positiv verändert, wenn Ihr Gegenüber die Qualität erhält, die gefehlt hat.

Von der META-Position aus betrachten Sie jetzt noch einmal abschließend die gesamte Situation und was sich verändert, wenn beide das erhalten, was fehlte.

Überlegen Sie sich dann, wie Sie in einer zukünftigen Situation diesen Wert mit einbringen können, damit ein ähnliches Gespräch in eine andere Richtung verlaufen kann.

7.1.5 Assoziieren/Dissoziieren

In Gesprächen ist die Methode des **Dissoziierens** sehr hilfreich. Werde ich in der Arbeit zu sehr in ein Geschehen hineingezogen bzw. lasse ich mich zu sehr mit einbeziehen, versuche ich mich zu dissoziieren. Das heißt, ich versuche die Situation vom Standpunkt eines Beobachters zu erleben. Ich ziehe mich also aus der direkten Betroffenheit heraus und beobachte erst einmal mich und dann mein Gegenüber. Ich begebe mich, wie in der Übung mit den drei Positionen, in die Meta-Position.

Ich erinnere mich z.B. an eine Situation mit einer Jugendlichen, die mir erzählte, dass sie von ihrem Onkel missbraucht worden war. Als mir das Mädchen von dem Vorfall erzählte, war ich betroffen und sprachlos. In weiteren Gesprächen fand ich heraus, dass auch ihr Vater sie so berührte, dass er damit ihre sexuelle Schamgrenze missachtete. Wir versuchten gemein-

Mein persönlicher NLP-Handwerkskoffer • 101

sam, Strategien zu entwickeln, wie sie aus der Situation herauskommen könne, und gingen zu einer entsprechenden Beratungsstelle, die ihr dann weiterhalf.

Hätte ich hier vorschnell gehandelt, hätte ich die gesamte Situation nur verschlimmert. Wenn ich zum Beispiel Maßnahmen eingeleitet hätte, das Mädchen aus der Familie herauszunehmen, wäre für sie nur noch weiterer Schaden entstanden. Hätte ich mich in dieser Situation in einem assoziierten (also einem Zustand, in dem ich die Situation aus mir heraus empfunden hätte) Zustand befunden, wäre ich sicherlich in Tränen ausgebrochen. Das Mädchen hätte mir eventuell nie wieder etwas erzählt, da sie das Gefühl bekommen hätte, dass ich nicht stabil genug bin, um solche Erzählungen hören zu können.

Damit unsere Klientel Vertrauen zu uns entwickeln kann, sollten wir ihr das Gefühl geben, dass wir mit den Situationen umgehen können. Wem helfe ich, wenn ich in Tränen ausbreche? Meine Betroffenheit nützt dem Mädchen nicht, meine Anteilnahme kennt sie, sonst wäre sie nicht zu mir gekommen, um mir dies zu erzählen. Damals fragte ich mich: „Was kann ich jetzt für das Mädchen tun? Was ist jetzt wichtig für sie? Wie kann ich ihr helfen? Wie kann ich sie jetzt stützen, wo sie mir gegenüber das große Schweigen gebrochen hat?"

Auch hier ist es wieder wichtig, fachlich und kompetent zu reagieren. Dies heißt sich zu dissoziieren, sich zu überlegen, was unser Klient jetzt braucht und wie wir unterstützend zur Seite stehen können. Wo können wir uns wie Rat holen? Welche Fachleute könnten uns unterstützen? Sich zu dissoziieren ist in diesem Fall der Anfang der Intervention.

Assoziieren

Dissoziieren/Kinobesuch und Kamerateam

Das klassische Dissoziieren geht folgendermaßen: *Erlebe ich eine Situation, die mich ungewollt emotional trifft, habe ich die Möglichkeit mich zu dissoziieren.* Beim Dissoziieren stellen Sie sich einfach vor, Sie säßen in einem Kino. Gehen Sie einen Schritt zurück oder lehnen Sie sich in Gedanken in Ihren Kinosessel zurück. Stellen Sie sich vor, dass Sie das, was gerade real vor Ihnen passiert, als *Kinofilm* sehen könnten. Sie sitzen in der dritten Reihe und schauen sich den Film an. Dies gibt Ihnen erst einmal einen Abstand von Ihrer eventuellen emotionalen Betroffenheit. Jetzt können Sie sich in Ruhe und mit sicherem Abstand die Situation ansehen und entsprechend ruhiger handeln.

Es liegt bei Ihnen, wie lange Sie in Ihrem Kino bleiben, manchmal werden Kurzfilme gezeigt und manchmal haben die Filme Überlänge. Wann Sie Ihren Kinoplatz verlassen möchten, entscheiden Sie.

Dissoziieren

Eine weitere gute Technik ist das *Kamerateam*. Es hat eine ähnliche Funktion wie der Kinobesuch. In diesem Fall geht es um Situationen, die länger anhalten und emotional belastend sind. Es können Situationen sein, die Sie im Moment nicht verändern können. Ähnlich wie beim Kinobesuch geht es hier darum, sich vom Geschehen zu dissoziieren. Stellen Sie sich in diesem Fall vor, Sie seien ein Kameramann, der heute eine Live-Reportage drehen soll. Stellen Sie sich vor, Sie sind der Kameramann und Sie sollen genau und objektiv nur das aufnehmen, was wirklich geschieht. Achten Sie darauf, welche Kamerabilder besonders gelungen sind, ob Sie eventuell die Position der Kamera wechseln wollen. Stimmt der Ton? Welche Kostüme fehlen noch und welche Musik fällt Ihnen zu diesem Film ein?

Oft hilft es auch sich vorzustellen, dass uns ein Kameraassistent ins Ohr flüstert, dass er vergessen hat uns mitzuteilen, dass der Film eine Komödie ist. Durch diese Technik können wir mögliche negative Gedanken ausschalten und uns die reale Situation gelassener und mit mehr Spaß ansehen. Ähnlich wie beim Kinobesuch sollten Sie nicht vergessen daran zu denken, wie lange Sie diesen Film drehen wollen und wann Sie die Kamera wieder ablegen.

7.1.6 Ressourcen

> *Ressourcen sind positive Verstärker, positive Verhaltensweisen und Kraftquellen, die wir in uns haben. Es können Fähigkeiten, Fertigkeiten, Talente, Strategien, Geschicke, Gefühle und auch Wissen sein, das wir von Natur aus besitzen.*

Dies sind Potenziale, die in uns vorhanden sind. Diese Potenziale und Fähigkeiten können gezielt eingesetzt werden, wenn wir diese „oft" unbewussten Fertigkeiten entdecken. Meist ist es uns also nicht bewusst, was wir an Potenzialen in uns haben, da sie für uns ganz natürlich sind. Sind Sie ein Mensch, der pünktlich ist? Dies ist zum Beispiel eine Ressource. Andere Menschen, die oft zu spät kommen, beneiden Sie um diese Fähigkeit. Oder bewegen Sie sich gerne? Fällt es Ihnen leicht, sich zu sportlichen Aktionen zu motivieren? Ressourcen sind Fähigkeiten und Talente, die uns ganz leicht fallen und uns Spaß machen. Es sind Talente, die andere bei uns sehen und die wir positiv nutzen und einsetzen können.

Ressourcen-Übung: Das fällt mir leicht.

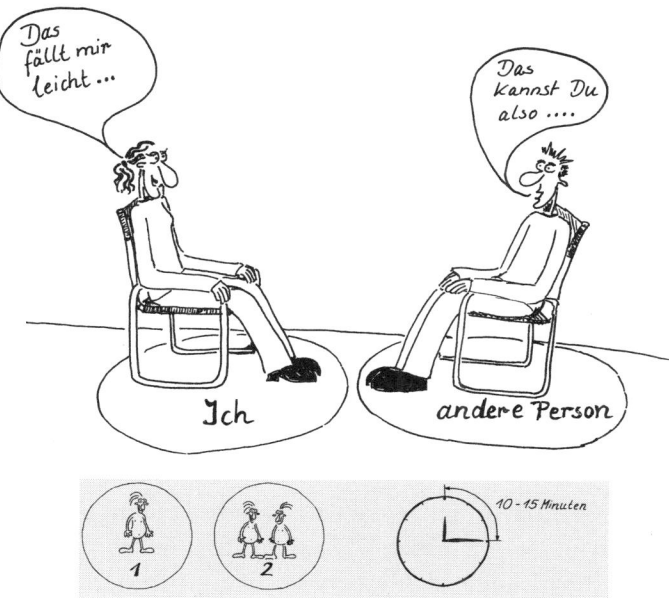

Wozu ist die Übung nützlich?

➤ Sich selbst mit Abstand betrachten,
➤ seine eigenen Stärken durch die Augen eines anderen sehen,
➤ neue Stärken und Talente entdecken.

Übungsverlauf:

1. Denken Sie an etwas, das Ihnen leicht fällt.
2. Geben Sie vor, Sie seien eine Person, die Sie respektieren. Ändern Sie Ihre Position im Zimmer: Begeben Sie sich zu einem anderen Stuhl oder zu einer anderen Stelle und schauen Sie auf sich zurück.
3. Aus der Perspektive dieser anderen Person betrachten Sie, was Ihnen so locker von der Hand geht, und hören sich dabei zu, wie Sie diese leicht auszuführende Tätigkeit näher beschreiben.
4. Lassen Sie diese Person nun Ressourcen finden, die dieser leichten Tätigkeit zugrunde liegen, und auch eine Beziehung oder einen Namen dafür.
5. Kehren Sie zu Ihrer ursprünglichen Position zurück und seien Sie wieder Sie selbst. Betrachten Sie die nun benannten Ressourcen näher. Handelt es sich um eine, die Sie Ihrem Eindruck nach schon hatten? In welcher Situation oder Fällen würde die Ressource für Sie nützlich sein?

(Diese Übung fand ich bei Anné Linden: *„Kraftquellen erschließen"*, S. 93.)

Eine weitere wunderschöne Übung, um Ressourcen nutzbar zu machen, ist der:

7.1.7 Moment of Excellence und andere hilfreiche Anker

Wie schon im Kapitel *„Die natürlichen Anker für mein Wohlbefinden"* beschrieben, arbeitet NLP mit dem Einsatz von Ankern. Es gibt natürliche Anker und unnatürliche Anker. NLP hat eine Technik entwickelt, wie man positive Erlebnisse ankern kann. Dies bedeutet, Sie haben eine Methode entwickelt, mit der man zu jeder Zeit einen bestimmten inneren Zustand, den man schon einmal erlebt hat, wieder hervorholen und dadurch noch einmal erleben kann. Ein Beispiel dafür, wie Anker wirken können, ist folgende Szene:

Stellen Sie sich vor, Sie sitzen in einem sehr wichtigen Bewerbungsgespräch. Es ist Ihr Traumjob, den Sie schon immer haben wollten. Sie sind jedoch so aufgeregt, hören noch die Bedenken Ihrer Familie im Ohr und stehen irgendwie „vollkommen neben sich". Anstatt in der Lage zu sein, Ihre Fähigkeiten und Talente zu zeigen, sitzen Sie vor Angst zu versagen, nur zusammengesackt in Ihrem Stuhl. Was sieht der Chef, der Ihnen gegenüber sitzt? Kann er Sie mit Ihren Fähigkeiten und Ihren Talenten entdecken oder kann er sie nicht sehen, da Sie gerade in einem schlechten Zustand sind? Wäre es in dieser Situation nicht wunderbar, all Ihre Fähigkeiten zeigen zu können? Wäre es nicht toll, wenn Sie sich jetzt in einen Zustand bringen könnten, wo Sie schon einmal eine außergewöhnliche Leistung erbracht haben? Wäre es nicht schön, jetzt an die Kraftquellen heranzukommen? Wäre es jetzt nicht gut, einfach einen Schalter betätigen zu können, und all unsere Fähigkeiten wären da? NLP hat solche Schalter entdeckt. Die nächste Übung zeigt Ihnen, wie Sie zu Ihrem Schaltkasten Zugang finden. Diese Übung nennt man den *Moment of Excellence*. Hier geht es darum, eine Situation in Ihrem Leben wieder hervorzurufen, in der Sie für sich erfolgreich und stolz auf sich waren und sich besonders gut gefühlt haben.

Moment of Excellence

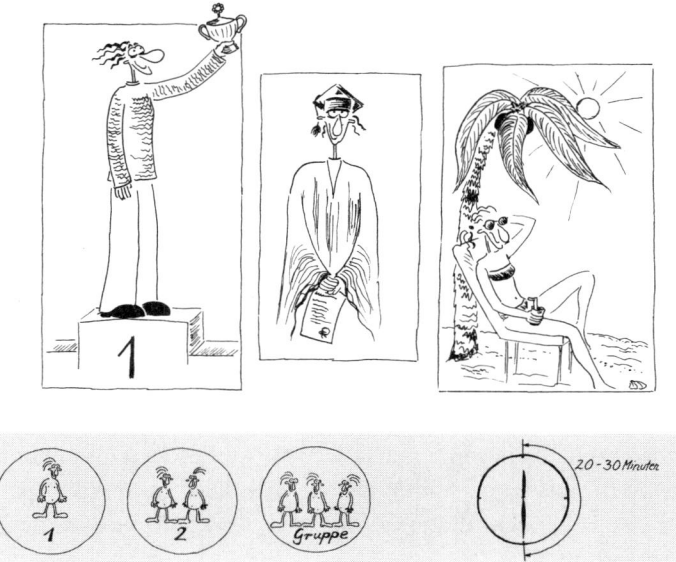

Wozu ist diese Übung nützlich?

➤ Aktivierung von Kraftreserven,
➤ Momente des persönlichen Glücks und Erfolgs noch einmal erleben und abrufbar machen,
➤ für Vorstellungsgespräche, Prüfungen etc. – Situationen, in denen man seine besonderen Fähigkeiten zeigen möchte,
➤ sich in einen guten Zustand bringen.

Bevor Sie diese Übung beginnen, sollten Sie sich eine Situation in Ihrem Leben suchen, in der Sie für sich selbst etwas ganz Besonderes getan haben. Dies kann eine wunderschöne Reiseerinnerung sein, dies kann die Veröffentlichung eines Artikels sein, ein Stellenangebot oder irgendeine Szene in Ihrem Leben, wo Sie sich mit sich selbst besonders wohl gefühlt haben. Erinnern Sie sich an eine Situation, wo Sie mit sich selbst in Einklang und stolz und zufrieden waren. Denken Sie an ein Erlebnis, wo Sie sagen können: „Ja, das war super, das war wunderschön."

In dieser Phantasiereise werden Sie noch einmal in die Situation ihrer persönlichen Brillanz geführt. An dem Punkt, wo Ihr Moment of Excellence am intensivsten ist, setzen Sie Ihren Anker. Dies tun Sie, indem Sie mit Ihrer Hand Ihren Oberschenkel berühren und einmal zudrücken. Lassen Sie sich die folgenden Zeilen von jemandem vorlesen oder sprechen Sie sie auf Kassette (die [–] Striche stehen für kleine Pausen beim Vorlesen).

Übungsverlauf:

Setzen Sie sich an einen ruhigen Ort, wo Sie für einige Zeit Ihre Ruhe haben können. Machen Sie es sich ganz gemütlich und atmen Sie einige Male tief ein und aus. Beginnen Sie nun Kontakt zu der Unterlage aufzunehmen und zu spüren, wo Sie Ihre Unterlage berühren. – Wo haben Ihre Füße Kontakt zum Boden? Gehen Sie nun von Ihren Füßen aus ganz langsam durch Ihren Körper. Wo können Sie Ihre Beine spüren – und wo haben Sie Kontakt zu der Unterlage? – Gehen Sie nun langsam weiter zu Ihrem Gesäß und spüren Sie auch hier nach, wo es die Unterlage berührt. – Gehen Sie nun Ihren Rücken hinauf und fühlen Sie auch hier, was Sie jetzt von Ihrem Rücken spüren können. – Bewerten Sie nichts. So wie es sich jetzt anfühlt, ist es in Ordnung. Sie müssen jetzt nichts mehr leisten und dürfen sich jetzt entspannen. – Während sich Ihr Rücken langsam aber sicher immer weiter von alleine entspannt, gehen Sie in Gedanken weiter zu Ihren Armen. Spüren Sie auch hier nach, wie Ihre Arme schwer auf der Unterlage oder Ihren Oberschenkeln liegen. Auch Ihre Arme werden jetzt immer schwerer. – Von hier aus gehen Sie nun langsam weiter über die Schultern zu Ihrem Kopf. – Geben Sie Ihrem Kopf nun als Letztem die Erlaubnis, sich jetzt ganz entspannen zu können, nichts ist mehr wichtig. –

Während sich Ihr Körper nun von ganz alleine weiter entspannt, können Sie beginnen, sich an einen Ihrer besonderen Momente in Ihrem Leben zu erinnern.

Versuchen Sie sich in Gedanken noch einmal vorzustellen, wo Sie damals waren. – Versuchen Sie die Szene noch einmal so lebendig zu machen, als würde sie jetzt noch einmal geschehen. – Welche Farben können Sie an diesem Ort sehen? – Gibt es viele unterschiedliche Farben, und was ist besonders? – Welche Personen sind bei Ihnen oder sind Sie alleine? – Was können Sie hören? Gibt es Geräusche der Natur und der Umgebung oder Stimmen von Menschen in Ihrem Moment? – Was tun Sie dort? – Und welches Gefühl ist für Sie erlebbar?

Versuchen Sie, all dies noch einmal ganz intensiv zu erleben. – Vielleicht können Sie sich auch an einen ganz bestimmten Geruch erinnern, der dort herrschte, oder an einen bestimmten Geschmack, der mit der Situation einhergeht. Was ist alles da für Sie? Versuchen Sie, Ihren Moment noch einmal mit all Ihren Sinnen zu erleben. – Und wenn es einen Moment gibt, der besonders schön, der besonders intensiv ist, dann machen Sie diesen Moment jetzt ein wenig länger und spüren ihn noch einmal ganz intensiv. – Wenn der Moment am schönsten und intensivsten ist, berühren Sie mit Ihrer Hand Ihren Oberschenkel und drücken einmal zu. (Als Vorlesender beobachten Sie, ob die Person den Anker ausgelöst hat. Erst weiterlesen, wenn dies geschehen ist.) Sie haben jetzt dieses schöne Gefühl Ihrer persönlichen Höchstform für sich geankert. – Stellen Sie sich nun eine Situation in der Zukunft vor, wo Sie diesen Anker betätigen und wie Sie sich dabei fühlen werden. – Ab heute können Sie diesen Zustand Ihrer persönlichen Brillanz jederzeit wieder wachrufen. Diesen Zustand können Sie nun jederzeit für sich hervorholen, wenn Sie ihn benötigen und wenn Sie Ihre persönliche Brillanz zeigen wollen. Schließen Sie nun die Übung in Ihrem Tempo ab und kommen Sie in Gedanken langsam auf Ihre Unterlage – und in den Raum zurück. (Lassen Sie sich als Vorlesender Feedback geben, und vielleicht haben Sie ja sogar Lust bekommen, diesen Moment bei sich selbst auch zu ankern.) Lösen Sie nach dieser Übung Ihren Anker sofort einmal aus, um sich daran zu erinnern, ihn ab jetzt so oft wie möglich zu nutzen.

Wie diesen „Moment of Excellence" kann man auch noch viele andere Momente seines Lebens ankern. In unserer Arbeit habe ich die Erfahrung gemacht, dass folgende Anker sehr hilfreich sein können.

Hilfreiche Anker für die tägliche Arbeit:

Ruhe-Anker – Der „Ruhe-Anker" funktioniert genauso, wie der „Moment of Excellence"-Anker. Er ist auch als Sicherheitsanker in Prozessen mit Ihrem Klienten hilfreich. Wenn Sie vor einem Prozess bereits wissen, dass Sie eventuell an tiefer liegende Erinnerungen kommen, können Sie mit dem Sicherheitsanker die Person wieder in einen angenehmeren Zustand führen. Um einen Sicherheitsanker zu etablieren, führt man sein Gegenüber an einen „Ort der Ruhe" und ankert dieses positive Erlebnis mit einer Berührung (z.B. am Arm). Im Arbeitsalltag ist der selbst gesetzte Ruhe-Anker eine angenehme Methode, um sich wieder in einen ruhigen und gelassenen Zustand zu bringen.

Ort der Ruhe – Setzen Sie sich an einen ruhigen Ort, an dem Sie für einige Zeit Ihre Ruhe haben können. Machen Sie es sich ganz gemütlich und atmen Sie einige Male tief ein und aus. Beginnen Sie nun, Kontakt zu der Unterlage aufzunehmen und zu spüren, wo Sie Ihre Unterlage berühren. – Wo spüren Sie Ihre Füße, – Ihre Ober- und Unterschenkel, – Ihr Gesäß, – Ihren Rücken – und Ihre Schultern. Vielleicht spüren Sie auch den Kontakt, den Ihre Arme und Hände haben und auch Ihren Kopf. Bewerten Sie nichts. So wie es sich jetzt anfühlt, ist es in Ordnung. Lassen Sie sich Zeit.

Während sich Ihr Körper nun von ganz alleine weiter entspannt, können Sie beginnen, sich einen Ort vorzustellen, wo Sie schon einmal Ruhe und Gelassenheit erlebt haben. – Versuchen Sie sich einen Ort vorzustellen, wo Sie sich wohl fühlen, an dem Sie sich entspannen und erholen können. Vielleicht ist es ein Ort aus der Phantasie oder aus der konkreten Erinnerung. Achten Sie auf das Besondere dieses Ortes. Wie sieht es um Sie herum aus? – Welche Menschen sind bei Ihnen oder sind Sie alleine. – Versuchen Sie, Ihren Ort noch einmal mit all Ihren Sinnen zu erleben. – Was können Sie sehen? – Was umgibt Sie? – Welche Farben sind um Sie herum? – Nehmen Sie alles noch einmal ganz intensiv in sich auf. – Vielleicht können Sie auch einen ganz bestimmten Klang oder eine Stimme hören – vielleicht gibt es auch einen besonderen Geschmack oder einen ganz bestimmten Geruch, der mit diesem Ort der Ruhe und Sicherheit einhergeht. – Lassen Sie sich Zeit, all dies noch einmal auf sich wirken zu lassen. – Erinnern Sie sich einfach noch einmal daran, wie Sie sich an Ihrem Ort der Ruhe und der Kraft fühlen? Wie geht es Ihnen hier und welche Kraft erleben Sie? – Nehmen Sie diese Ruhe ganz tief in sich auf. – Erleben Sie diese Situation noch einmal ganz intensiv und nehmen Sie alles noch einmal ganz tief in sich auf. (Versuchen Sie genau wahrzunehmen, wann Sie den Ruhe-Anker als „Vorlesender" setzen – oder wann Sie ihn als „Geführter" selber setzen möchten.)

Mit dem Wissen, dass Sie jederzeit an diesen Ort der Ruhe zurückkehren können, um sich wieder aufzutanken, können Sie nun Ihren Ort wieder verlassen. Kommen Sie nun in Ihrem Tempo wieder in diesen Raum zurück. – Spüren Sie, wie Ihr Körper Kontakt zu seiner Unterlage hat. Vielleicht mögen Sie sich schon ein wenig bewegen und strecken, um dann wieder ganz in den Raum zurückzukommen.

Vergessen Sie also nicht, sich daran zu erinnern, was Sie gesehen, gehört, geschmeckt, gefühlt und gerochen haben. Ankern Sie diesen Ruhe-Anker aber an einer anderen unauffälligen Stelle Ihres Körpers. Gut geeignet sind die Finger oder die Faust oder der Arm.

Energie- und Poweranker – Auch dieser Anker kann in der täglichen Arbeit von Nutzen sein. Nicht immer haben wir die Energie, um Gruppen zu motivieren, uns selber bei Dienstreisen, Tagungen, Seminar- und Gruppenfahrten aus dem Bett zu bekommen und einfach die Energie zu haben, die wir gerne haben möchten. Gerade, wenn wir mit Gruppen arbeiten, wissen wir, wie wichtig die ersten Minuten, das erste Auftreten sind. Der „Poweranker" funktioniert ebenso wie der Moment of Excellence, nur dass wir uns jetzt an einen Moment erinnern, in dem wir in der Arbeit viel Energie und

Power hatten. Lassen Sie sich selber wieder in eine solche Situation führen und ankern Sie sie für sich. Gehen Sie wie beim Moment of Excellence und beim Ruhe-Anker durch alle Sinnes-Ebenen. Was haben Sie gehört, gesehen, gefühlt, gerochen und geschmeckt?

7.2 Sich in einen guten Zustand bringen

„Mein liebster Zeitvertreib? Lachen!" – *Dalai Lama*

Eine weitere schöne Methode, sich in einen guten Zustand zu bringen, fand ich bei Vera F. Birkenbihl.

7.2.1 Lächeln ☺ ☺☺ ☺☺☺ ☺☺☺☺

Schauen Sie in den Spiegel. Beginnen Sie sich anzulächeln. Halten Sie dieses Lächeln, auch wenn es Ihnen total albern vorkommt, für eine Minute. Wichtig ist, kontinuierlich eine Minute lang zu lächeln. Die Bewegung des Muskels löst einen Druck auf einen Nerv aus, der ein positives Signal weitergibt. Hierdurch meint der Thymus, er sei aktiviert worden und aktiviert im Körper positive Gefühle. Die Mundbewegung zu einem Lächeln wird an das Gehirn weitergesandt und verursacht im Gehirn die Ausschüttung eines Hormons. Dieses Hormon versetzt uns in einen anderen Zustand. Auch wenn es sich lustig anhört, probieren Sie es einfach einmal aus: Lächeln Sie sich eine Minute im Spiegel an. Auch wenn es albern erscheint, Sie werden merken, dass Sie sich nach der Übung besser fühlen. Wenn Sie dies mehrmals am Tag praktizieren, werden Sie merken, dass Ihre Ausstrahlung sich verändert. Sie tun in diesem Moment etwas für sich und für Ihre Gesundheit. Der Thymus beeinflusst unseren Gesamtorganismus und stärkt ihn. Negative Emotionen wie Stress schwächen ihn. Wenden Sie diesen Trick an, bevor Sie ein Gespräch führen, bevor Sie das Telefon abnehmen, bevor Sie einen Artikel oder ein Konzept schreiben und bevor Sie ein Seminar geben usw. Ihre freundlichere Ausstrahlung wird sich positiv bemerkbar machen. (Weitere interessante Ideen zum Thema Lächeln finden Sie bei Vera F. Birkenbihl: *„Erfolgstraining"*, S. 215.)

Vor einigen Jahren entwickelte ein Inder, Dr. Madan Kataria, eine Lachtherapie. Er stellte fest, das Lachen förderlich für die Gesundheit ist, das Wohlbefinden und die Leistung steigert. Inspiriert durch Atmungstechniken aus dem Yoga entwickelte er verschiedene Lachtechniken, die u.a. der Gesundheitsvorsorge dienen. Sein 20-30 minütiges Trainingsprogramm führt er morgens in großen Firmen durch. Hierbei wird eine halbe Stunde gemeinsam gelacht, geatmet und es werden Witze erzählt, um sich in einen positiven Zustand zu bringen. Lachen stärkt nicht nur das Immunsystem, son-

110 • NLP in der sozialen Arbeit

dern stärkt auch unser seelisches Wohlbefinden. Auch in Deutschland entstehen die ersten Lachclubs, die sich an dieses Modell anlehnen. Laut Statistik lachen Erwachsene 15 Mal am Tag, Kinder lachen 400 Mal.

Bei den Kinesiologen fand ich folgende Übung, um negative Gedanken und Probleme abzuschalten.

7.2.2 Energieübungen aus der Kinesiologie

Pace – **P**ositiv-**A**ctive-**C**lear-**E**nergy

Diese Übung aus der Kinesiologie bringt uns in einen anderen Zustand, wenn wir gerade blockiert sind.

Wozu ist die Übung nützlich?

➤ Um den eigenen Zustand zu verändern,
➤ um sich in einen guten Zustand zu bringen.

Übungsverlauf:

1. Strecken Sie Ihre Arme vor dem Körper nach vorne aus. Überkreuzen Sie jetzt Ihre Arme und falten Sie Ihre Hände zusammen. Knicken Sie jetzt Ihre Ellbogen ein, holen Sie die gefalteten Hände an Ihren Körper heran. Gleichzeitig überkreuzen Sie Ihre Beine. Denken Sie in dieser Haltung eine Minute lang über Ihr Problem nach. Dann lassen Sie los.

2. Spreizen Sie Ihre Finger auseinander und drücken Sie die Fingerspitzen beider Hände aneinander. Denken Sie in dieser Haltung über Ihr Problem nach. Dann lassen Sie auch hier wieder los.

3. Bringen Sie Ihren rechten Ellbogen zu Ihrem linken Knie und dann Ihren linken Ellbogen zu Ihrem rechten Knie. Wiederholen Sie dies 10-mal.

4. Greifen Sie mit Ihrem Daumen und Zeigefinger in die beiden Mulden, die sich unterhalb Ihres Schlüsselbeins befinden (Gehirnknöpfe). Reiben Sie diese Punkte einige Zeit.

5. Zum Abschluss trinken Sie ein Glas Wasser. Dies bringt die Energien wieder in Fluss.

7.3 Ziele und Visionen

7.3.1 Die Arbeit mit Visionen

In unserer Arbeit ist es sehr nützlich zu wissen, was ich von mir als „Sozial-Arbeitenden" denke. Welche Motivation habe ich, um diesen Job zu machen, wo möchte ich eigentlich gerne hin und wo sind meine Wünsche und Träume in Bezug auf meine Arbeit?

Wozu ist die Übung nützlich?

➤ Visionen entdecken und entwickeln,
➤ neue Ziele erkennen,
➤ entdecken, was wirklich wichtig ist.

Übungsverlauf:

Nehmen Sie sich etwas Zeit, einen Stift und ein Blatt Papier, bevor Sie sich auf eine kleine Phantasiereise mitnehmen lassen.

Machen Sie es sich erst einmal ganz gemütlich. Schließen Sie nun die Augen. Atmen Sie einige Male tief ein und aus, bis Sie sich schon ein wenig entspannt haben. Stellen Sie sich nun vor, Sie befinden sich in einer schönen Stadt in ferner Zukunft. Sie gehen durch die Straßen und merken, dass ein bestimmtes Gebäude Sie fast magisch anzieht. Sie treten näher und entdecken, dass es sich um eine sehr alte und schöne Bibliothek handelt. Sie betreten das Haus und sind überwältigt von den Räumen, die Sie empfangen. Überall gibt es Regale mit Büchern, Gelegenheiten sich hinzusetzen und zu lesen. Sie gehen durch die vielen Räume und entdecken plötzlich ein besonderes Regal mit einem wunderschönen Lexikon. Sie nehmen sich wie selbstverständlich das Lexikon mit dem Buchstaben Ihres Nachnamens. Als Sie in dem großen Buch blättern, fällt Ihr Blick auf Ihren eigenen Namen. Sie sind erst überrascht, doch dann bemerken Sie, dass es sich um Sie handelt. Ganz neugierig lesen Sie, was hier über Sie steht. Ihr ganzes Leben ist in diesem Lexikon abgehandelt. Wie gebannt lesen Sie, was über Sie und Ihre Arbeit geschrieben wurde.

Nach einer Weile klappen Sie das Lexikon wieder zu und stellen es zurück in das Regal. Sie verlassen die schöne Bibliothek und wissen genau, dass Sie jederzeit zu diesem Ort zurückkehren können. Mit diesem Bewusstsein kommen Sie nun langsam wieder zu Ihrem Ausgangsort und in den Raum zurück. Vielleicht möchten Sie sich schon ein bisschen bewegen und strecken und freuen sich schon darauf, Ihre Lexikon-Eintragung für sich aufzuschreiben.

Was würde in einem Lexikon über Sie stehen? Was würde über Ihre Art zu arbeiten zu hören sein und was ist Ihr ganz besonderes Talent? Welche Dinge schätzen andere Menschen an Ihrer Arbeit und was schätzen Sie an sich am meisten?

LEXIKON

Name: _____ geb. am _____ Foto

Wenn Sie diese Übung beendet haben, werden Sie sicher über einige Dinge erstaunt sein, die Sie notiert haben. Heben Sie sich diesen Eintrag gut auf. Er kann Sie immer wieder daran erinnern, was Ihnen zum heutigen Zeitpunkt wichtig war, und Sie daran erinnern und ermutigen, Ihre Visionen und Träume zu leben.

Diese Methode lässt sich auf alle möglichen Bereiche ausdehnen. Es ist eine schöne Übung, um sich über seine Ziele und Visionen bewusst zu werden und sich einmal anders Gedanken darüber zu machen, wohin man im Leben gerne möchte. Als *allgemeiner Lexikon-Eintrag* eignet es sich, um Lebensziele abzustecken. Hier können auch Themen wie die eigene Familie, Freunde, das Liebesleben, Gesundheit usw. behandelt werden. Als *Berufsfachlexikon* eignet es sich, um über seine Arbeitsvision nachzudenken.

7.3.2 Meine Ziele und Wünsche

Eine weitere schöne Übung zum Thema Visionen und Ziele ist folgende Idee: Nehmen Sie sich zu Ihrem Geburtstag oder an Silvester ein wenig Zeit. Diese Tage sind gute Zeitpunkte, um sich Gedanken über das nächste Jahr zu machen.

Hier kann man sich überlegen, welche Ziele man sich für das nächste Jahr setzen möchte ... Möchte ich eine neue Sprache lernen, ein Buch schreiben, eine Ausbildung machen, mich mehr um meine Freunde kümmern, eine tolle Reise unternehmen, ein Haustier anschaffen, mich um meine Familie kümmern oder mir einfach nur mehr Ruhe gönnen?

> *Denken Sie daran, solche Übungen lustvoll zu gestalten. Machen Sie sich nicht eine Liste mit allen „müsste, sollte usw.", sondern entwerfen Sie sich eine lustvolle Vision, was Sie gerne im nächsten Jahr erleben möchten.*

Wenn Sie mögen, können Sie Ihre Vision auch in die Themen Beruf, Ich, Partnerschaft unterteilen.

Meine Vision für das nächste Jahr

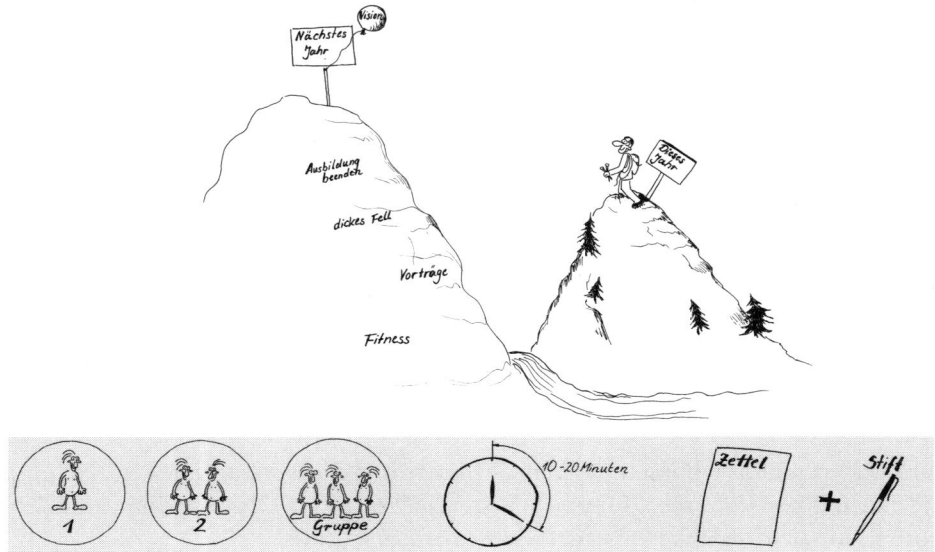

Wozu ist die Übung nützlich?

➤ Sich Ziele setzen (ein Monat, ein Jahr etc.),
➤ Visionen entstehen lassen,
➤ sich seiner Ziele bewußt werden.

Meine Vision für das nächste Jahr:

....

....

....

....

Beginnen Sie nun jeden Morgen einen Schritt auf Ihre Vision zuzugehen. Stellen Sie sich jeden Morgen vor, wie es sein wird, wenn Sie Ihre Vision erreicht haben. Machen Sie sich ein Bild davon, hören Sie, was Sie hören werden und was für ein Gefühl es sein wird, wenn Sie Ihre Vision erreicht haben.

Mein persönlicher NLP-Handwerkskoffer • 115

7.4 Mein Profil als „Sozial-Arbeitender"

7.4.1 Meine Werte in der Arbeit

Wir alle tragen unterschiedliche Ideen und Gedanken mit uns herum, wie man soziale Arbeit gut machen kann. Wenn wir mit anderen Menschen zusammenarbeiten, stoßen wir auf andere Ideen und Methoden. Manchmal wissen wir nicht, warum die Arbeit mit einigen Kollegen besser gelingt als mit anderen. Dies kann unter anderem daran liegen, dass wir unterschiedliche Werte in der Arbeit haben. Wir haben uns in der Fragebogenaktion in Kapitel 3 schon darüber Gedanken gemacht, welche Fertigkeiten und Fähigkeiten in der sozialen Arbeit nützlich sind. Denken Sie einmal darüber nach: Welche Werte sind Ihnen wichtig in der Arbeit? Ist Ihnen Fürsorglichkeit und Offenheit wichtig oder eher Freiheit und Kontinuität?

Wozu ist die Übung nützlich?

➤ Eigene Werte erkennen,
➤ erfahren, dass jeder Mensch andere Werte besitzt,
➤ Austausch über die individuellen Werte im Team (in Gruppen).

Übungsverlauf:

Erinnern Sie sich an eine/oder mehrere Ihrer letzten Arbeitsstellen. Versuchen Sie sich an eine Zeit zu erinnern, wo Sie gerne gearbeitet haben. Denken Sie an eine Zeit zurück, wo Ihnen die Arbeit Spaß gemacht hat und wo Sie gerne zur Arbeit gegangen sind. ... Was war damals vorhanden, so dass Sie gerne dort gearbeitet haben? Schreiben Sie Ihre Werte auf:

Ich bin damals gerne dort geblieben, weil:

1. _____ da war.
2. _____ da war.
3. _____ da war.
4. _____ da war.
5. _____ da war.

Schauen Sie sich Ihre Listen noch einmal an. Welches sind für Sie die wichtigsten Werte in Ihrer Arbeit? Stellen Sie sich vor, dass Sie nur fünf Ihrer Werte in den nächsten Job mitnehmen dürfen – für welche würden Sie sich entscheiden? Machen Sie eine Rangliste:

Als wichtigste Werte benötige ich:

1. _____
2. _____
3. _____
4. _____
5. _____

Sie haben nun eine Liste Ihrer wichtigsten Arbeitswerte erstellt. Denken Sie bei Ihren nächsten Bewerbungen daran, auf Ihre Werte zu achten. Kommen unsere Arbeitswerte in Gefahr, kann es passieren, dass uns unsere Arbeit keinen Spaß mehr macht, wir Probleme mit den Kollegen bekommen usw.

> *Arbeitswerte sind Ideen und Einstellungen, die durch unsere Erfahrung, unsere Sozialisation und unsere Ausbildung entstanden sind.*

Diese Werte und Überzeugungen benötigen einige Zeit, um zu entstehen, und können sich auch verändern. Werden diese Werte verletzt, kann das Arbeiten entsprechend schwierig werden. Meist sind uns unsere Werte nicht bewusst oder werden uns erst deutlich, wenn sie mit den Werten anderer Menschen kollidieren. Kenne ich meine Werte, ist es einfacher für mich, zu sehen, wo sie mit anderen Menschen übereinstimmen und wo nicht.

> *Im Arbeitsbereich kann dies bedeuten, wahrzunehmen, wo Ähnlichkeiten und wo Unterschiede bestehen. Wenn ich in einem Team arbeite, kann eine Diskussion über Arbeitswerte sehr hilfreich sein, um zu merken, was für wen wichtig ist. Seien Sie hier behutsam, denn nicht jeder möchte seine Werte einfach so preisgeben.*

Vielleicht können Sie den Wertefragebogen in Ihrem Team erst einmal jedem persönlich geben, damit er seine Werte für sich entdecken kann. Wenn Sie ein eingespieltes Team sind, wird Ihnen ein anschließender Austausch bestimmt Spaß machen. Denken Sie in dem anschließenden Austausch daran, dass es jetzt darum geht, sich auf die Reise zu den Arbeitslandkarten Ihrer Kollegen zu machen. Dies sind andere Ideen und andere fachliche Erfahrungen und ein anderes Wissen davon, wie man in unserem Arbeitsfeld gut arbeiten kann. Wir haben unterschiedliche Wege und Straßen in unseren Arbeitslandkarten. Vielleicht begegnen Sie ganz neuen Ländern, mit ganz anderen Sprachen und Grundgedanken.

Sprechen Sie über Ihre verschiedenen Ideen, wie Sie denken, wie Sie zum Ziel kommen. Öffnen Sie Ihre Augen und Ohren sowohl für interessante andere als auch für sehr ähnliche Arbeitslandkarten. Vielleicht brauchen Sie zur Erkundung auch eine andere Brille, um die Person mit ihrem Arbeitsansatz wahrnehmen zu können. Seien Sie neugierig auf die Arbeitslandkarten, auf die interessanten Reisen, die Sie durch die Welten Ihrer Kollegen und Mitarbeiter machen können. Nehmen Sie sich eine große Reisetasche mit, um all die Erlebnisse, Strategien und Möglichkeiten einpacken zu können, die Ihnen auf Ihrer Reise begegnen. Seien Sie neugierig und offen für das, was Sie erwarten wird.

Wenn Sie die Werte Ihrer Kollegen erkunden durften, können Sie dies später für Ihre Teamarbeit nutzen. Sie können dann die Handlungen Ihrer Kollegen und Mitarbeiter besser verstehen und können auch herausfinden, welche Person für welche Aufgabe am besten geeignet ist. Sie können erkennen, wo Ihre Vorlieben sind, und dass Ihre Kollegen ganz andere Vorlieben haben als Sie. Wenn für Sie Schnelligkeit eine wichtige Fähigkeit ist, um Ihre Arbeit effizient zu erledigen, dann heißt dies nicht, dass dies auch für andere Menschen so sein muss. Man kann Situationen auf verschiedene Arten lösen. Nicht immer ist unsere Strategie die richtige. Macht Ihr Kollege seine Arbeit vielleicht viel ruhiger? Oder wollen Sie Ihre Arbeit effektiver arrangieren? Suchen Sie sich Menschen, die genau diese Fähigkeiten haben, die Sie sich wünschen, und versuchen Sie Ihre Strategien zu entdecken. Vielleicht möchten Sie anschließend diese guten Strategien modellieren?

7.4.2 Glaubenssätze

Eines Tages kam ich mit Ivor ins Gespräch. Er war ein „Sprayer", kiffte damals ziemlich viel und war unglücklich verliebt. Er fragte sich selbst: „Wieso finde ich eigentlich nicht die richtige Freundin? Wieso verliebe ich mich immer wieder in die falschen Frauen?" So erzählte er mir, dass alle Frauen so kompliziert seien, nicht zu ihm passen würden oder genau dann die Beziehung beenden, wenn er gerade voll eingestiegen war. In seiner Verzweiflung sagte er: „Es gibt wohl nicht die richtige Frau für mich, die muss wohl erst noch geboren werden."

Nach einer Weile schaute ich ihn an und erklärte ihm, dass ich mir sicher sei, dass da draußen irgendwo jemand ist, der genau auf ihn wartet. Jemand, der auch ihn sucht. Er müsse sich bloß auf den Weg machen, die Augen offen halten und diese Person, die auch ihn sucht, finden. Er blickte mich damals sehr verwirrt an. Drei Wochen später traf ich ihn und er strahlte. Er erzählte mir, dass er seine absolute Traumfrau gefunden habe. Er war total glücklich, und soweit ich weiß, waren die beiden einige Jahre zusammen.

Manchmal ist es einfach nur wichtig, das geschlossene Fenster wieder aufzumachen, damit die Person die Augen öffnet und wieder hören und fühlen kann. Wir als „Sozial-Arbeitende" haben oft die Möglichkeit, Menschen anzuregen, dass sie sich wieder öffnen für die Dinge, die um sie herum sind. Wir können den Anstoß geben, sich wieder für die Schönheit und Vielfalt des Lebens zu öffnen. Wir können Zuversicht und Hoffnung verbreiten und Dinge wieder in den Bereich des „Möglichen" bringen.

Ivor konnte seinen Glaubenssatz, dass es die richtige Frau für ihn nicht gibt, in den Glaubenssatz umformulieren, dass dort draußen jemand auf ihn wartet, der auch ihn sucht. Alleine dadurch, dass er sich plötzlich selbst wieder die Chance gab, dass jemand ihn finden möchte, veränderte sich seine Sichtweise, so dass er seine zukünftige Freundin treffen konnte.

Glaubenssätze haben eine starke Auswirkung auf unser Handeln. Sie sind die Ideen und Gedanken, die wir von uns selbst und von der Welt, die uns umgibt, haben.

Es ist ein Querschnitt von dem, was wir über uns denken. Ich kann z.B. von mir als „Sozial-Arbeitenden" denken, dass ich keine gute Arbeit mache oder dass ich zu unerfahren bin für die Arbeit oder Schwierigkeiten mit Gruppen habe. Woher auch immer wir diese Glaubenssätze haben, sie formen das Leben um uns herum. Wenn ich nur immer wieder denke, ich sei zu unerfahren in der Arbeit, dann werde ich mich auch so verhalten – nämlich unsicher und vorsichtig, nicht zielstrebig genug. Die Frage ist nur, wann kommt der Punkt, an dem ich mir sage: „Ich habe genug Wissen und genug Erfahrung in der Arbeit, um den Job gut zu machen!" Wie lange lasse ich diesen Glaubenssatz auf mich wirken? Oder gebe ich mir selber die Chance, solch einen Glaubenssatz zu verändern? Oder wie man sich unter NLPlern fragen würde: „Was ist das Gute an solch einem Glaubenssatz?" (Habe ich dadurch eventuell mehr Ruhe und muss keine Verantwortung übernehmen?) Seien Sie ehrlich zu sich selbst und fragen Sie sich, welche guten Absichten Ihr jeweiliger Glaubenssatz für Sie hat? Denken Sie z.B. daran, wie gut es manchmal ist, dass man krank wird. Oft zeigt einem der Körper, dass es mal wieder Zeit ist, sich auszuruhen. Auf Dauer wird jedoch ein z.B. negativer Glaubenssatz bezogen auf Ihren Job Ihre Arbeit behindern. NLP bietet verschiedene Methoden an, um an den eigenen Glaubenssätzen und denen Ihrer Klienten zu arbeiten.

Beginnen wollen wir jedoch bei uns und unserem Arbeitsprofil. Was denken Sie über sich als „Sozial-Arbeitenden"? Welche Glaubenssätze haben Sie? Vielleicht haben Sie Lust, Ihre Glaubenssätze zu entdecken. Beantworten Sie dazu einfach folgende Fragen:

Glaubenssätze

Wozu ist die Übung nützlich?
➤ Positive und hemmende Glaubenssätze erkennen.

Beispiel: Positive Glaubenssätze

Ich kann gut ...

- Gruppen leiten,
- Spiele organisieren,
- Menschen motivieren,
- Projekte organisieren,
- Probleme lösen,
- Arbeit delegieren.

Und nun listen Sie *Ihre Kompetenzen* auf: „Ich kann gut ...

- ....
- ....
- ....
- ....
- ....

Beispiel: Negative Glaubenssätze

Ich kann weniger gut ...

- meine Ideen durchsetzen,
- den Überblick behalten,
- abschalten.

Nun sind Sie wieder gefragt: „Ich kann bisher leider weniger gut ...

- ....
- ....
- ....

7.4.3 Mein Arbeitsprofil

Wenn man sich selber als „Sozial-Arbeitenden" beschreiben müsste, gehören neben den Fähigkeiten, Werten und Glaubenssätzen noch weitere Elemente dazu. NLP spricht hierbei von so genannten neurologischen Ebenen, die im Prozess der Veränderung und des Lernens eine große Rolle spielen. Gregory Bateson erkannte eine Hierarchie, in der Veränderungsprozesse verschiedene Ebenen durchlaufen, je nachdem auf welcher Ebene eine Veränderung, ein Lernprozess ansetzt. Ein Wandel in einer unteren

Ebene, wie zum Beispiel im Verhalten, verursacht meist keine Veränderung in den höheren Ebenen. Veränderungen in den höheren Ebenen, wie z.B. in den Glaubenssätzen, werden sich auch auf das Verhalten, die Fähigkeiten und die Umwelt einer Person auswirken.

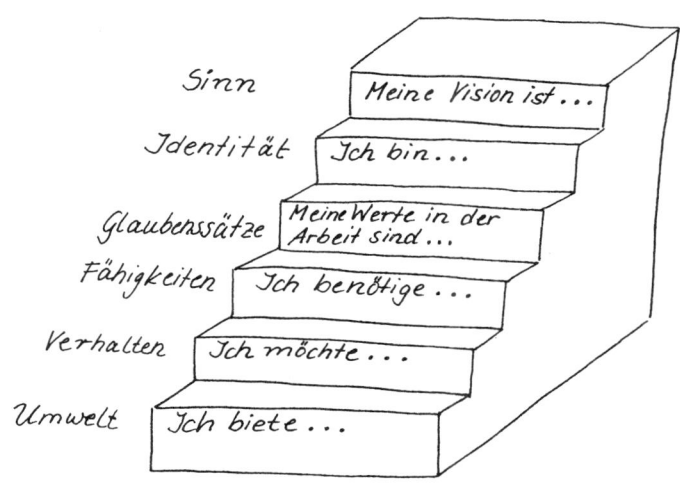

Neurologische Ebenen

Wenn wir in unserem Leben eine Wandlung vollziehen möchten, ist es gut, einen Blick auf die neurologischen Ebenen zu werfen, um sich zu überlegen, auf welcher Ebene man ansetzen sollte, um die Veränderung möglich zu machen. Einige Änderungen betreffen nicht nur unser Handeln oder unsere Werte, sondern liegen auf einer höheren Ebene. Wenn ich ein „guter" Sozialarbeiter werden möchte, hilft es nicht einfach nur, den Glaubenssatz abzuwandeln in den Satz: „Ich bin ein guter Sozialarbeiter." Habe ich zum Beispiel auf der Ebene „Sinn" den Satz stehen, dass Sozialarbeit keinen Sinn macht und nur versucht, die gesamtgesellschaftliche Misere zu kaschieren, dann sollte ich lieber beginnen, auf der Ebene „Sinn" zu arbeiten. Wenn ich den gesamten Zusammenhang sehe, in dem sich ein Mensch bewegt, was er von sich denkt, von seinem Umfeld etc., kann ich durch das Wissen über die neurologischen Ebenen entsprechend eingreifen.

Sinn: Was denke ich, was der Sinn (meines) des Lebens ist?

Identität: Was ist mein Selbstbild? Was ist meine Aufgabe, meine Mission im Leben?

Glaubenssätze: Welche Ideen halte ich für wahr? Welche Einstellungen habe ich?

Fähigkeiten: Welche Fertigkeiten besitze ich?

Verhalten: Welche Handlungen führe ich aus?

Umwelt: Alles in unserer Umgebung, worauf wir reagieren.

Mein Arbeitsprofil: Denken Sie einmal darüber nach, wie Sie folgende Fragen in Bezug auf Ihre Tätigkeit beantworten würden.

Sinn: In welchen größeren Zusammenhang stellt ein „Sozial-Arbeitender" seine Arbeit? Welchen Sinn sieht ein „Sozial-Arbeitender" hinter seiner Arbeit? *Was ist meine Vision? Meine Vision ist* _____

Identität: Was denkt ein guter „Sozial-Arbeitender" von sich? Wie verstehen Sie sich selbst als „Sozial-Arbeitender"? *Ich bin* _____

Glaubenssätze/Werte: Welche Werte hat ein guter „Sozial-Arbeitender"? Was denken Sie über Ihre Klienten, Teilnehmer? *Meine Klienten* _____

Fähigkeiten: Welche Fähigkeiten hat ein guter Sozialarbeiter? Welche Fähigkeiten benötigen Sie, um diese Arbeit machen zu können? *Ich benötige* _____

Verhalten: Wie verhält sich ein guter Sozialarbeiter? Wie verhalten Sie sich als „Sozial-Arbeitender"? *Ich mache* _____

Umwelt: Wie sieht die Umwelt/das Umfeld eines guten Sozialarbeiters aus? Welche Umgebung bieten Sie? _____

Und zum Abschluß, was möchten Sie, das Ihre Klientel, Ihre zu Betreuenden über Sie denken? *Ich möchte* _____

7.4.4 Modellieren

Eine gute Möglichkeit, an seinem Arbeitsprofil zu arbeiten, ist das *Modellieren*. Viele verschiedene Menschen haben gute Strategien entwickelt, um zum Beispiel ihre Tätigkeit als „Sozial-Arbeitender" auszufüllen. Wenn Sie Menschen kennen, die irgendeine Fähigkeit, ein Verhalten haben, das Sie fasziniert und das Sie auch gerne hätten, versuchen Sie diese Person doch einfach einmal zu modellieren. Diese Menschen haben für sich eine Strategie entwickelt, die ihnen meist nicht bewusst ist, um z.B. erfolgreich zu sein. Versuchen Sie herauszufinden, wie diese Person es schafft, das zu erreichen. Stellen Sie sich die Frage, was das Besondere an dieser Person ist. Welche Fähigkeiten würden Sie gerne haben wollen, die diese Person hat? Was macht diese Person zu etwas Besonderem? Was denkt diese Person über sich? Was kann diese Person besonders gut?

Falls Sie sich trauen, fragen Sie die Person einfach. Oft werden Sie feststellen, dass sich diese Menschen sogar sehr geschmeichelt fühlen, wenn Sie sie modellieren möchten. Sie freuen sich oft darüber, dass eine andere Person etwas Besonderes an ihnen sieht.

Modellieren heißt nicht einfach, irgendwelche Fähigkeiten plump zu kopieren. Modellieren meint eine gute Strategie, die eine andere Person aus irgendeinem Grund entwickelt hat, für sich zu nutzen.

Genauso wie man in der Wirtschaft gute Verkaufsstrategien übernimmt, kann man dies auch im zwischenmenschlichen Bereich. Modellieren bedeutet, seinen eigenen Horizont zu erweitern, zu merken, dass es manchmal nur ein Glaubenssatz sein kann, der einen in seiner Arbeit vorwärts bringt. Stellen Sie sich vor, Sie hätten den Glaubenssatz: „Ich bin ein guter Sozialarbeiter und freue mich jeden Tag auf die Menschen, denen ich begegne." Sie können sich sicher vorstellen, dass dies Ihre Arbeit positiv verändern würde. (Mehr zum Thema Modellieren finden Sie bei Robert B. Dilts: *„Modeling mit NLP"*, Paderborn 1999.)

Zusammenfassung:

In der sozialen Arbeit ist es hilfreich zu wissen, wo die Kraftreserven liegen und wie man sie bei sich und bei anderen Menschen aktivieren kann: Wie tanke ich mich selbst wieder auf, wie kann ich mich selbst motivieren, welche Nähe- und Distanz-Regelungen benötige ich, wie schütze ich mich, wenn mich Dinge berühren, wie kann ich mich in einen guten Zustand bringen und welche Ideen und Werte, Glaubenssätze, Ziele und Visionen habe ich?

8. Probleme und Veränderungen

„Veränderungen bereiten etwa 90% der Bevölkerung ausgesprochene Schwierigkeiten. Die meisten Menschen wehren sich gegen die Veränderungen im Leben, während andere – ein sehr kleiner Prozentsatz – durch sie gedeihen. ... Veränderungen sprengen unseren Bezugsrahmen und bringen ihn durcheinander." – *Carter-Scott* 1990, S. 198

> *Wir sind in der sozialen Arbeit an einem Punkt, an dem wir ständig Veränderungen ausgesetzt sind. Menschen kommen zu uns, da ihnen die Veränderungen in ihrem Leben Schwierigkeiten und Probleme bereiten.*

Unser Leben, die Natur, alles, was uns umgibt, verändert sich und wächst jeden Tag. Die Natur stellt sich auf unterschiedliche Jahreszeiten ein und versucht sich den veränderten Bedingungen anzupassen. Jeder Baum macht jedes Jahr die vier Jahreszeiten durch und passt sich den Gegebenheiten vor Ort an.

Im Sequioa National Park (USA) gibt es die beeindruckenden Giant Trees. Diese riesigen Bäume, die über 3.000 Jahre alt sind, haben eine Höhe von bis zu 83 Metern und einen Durchmesser von 11 Metern.

Die Ranger des Nationalparks stellten jedoch eines Tages fest, dass die Bäume sich nicht weiter fortpflanzten. Die Kienäpfel, in denen die Samen enthalten waren, öffneten sich nicht, so dass sich keine neuen Bäume auspflanzen konnten. Die Forstleute rätselten lange und versuchten der Ursache auf den Grund zu gehen. Sie überlegten, ob negative Umwelteinflüsse die Ursache für das Problem sein könnten und forschten in alle mögliche Richtungen. Eines Tages verbrannte ein Ranger einige Abfälle, Baumreste und Kienäpfel. Plötzlich sah er, wie die Kienäpfel sich durch das Feuer öffneten und die darin enthaltenen Sporen wie von alleine herauskamen. Und dann wurde es ihm klar: Seit Jahren hatte es in diesem Waldge-

biet kein Feuer mehr gegeben. Dies war einst eine Region gewesen, die jährlich von Waldbränden heimgesucht wurde. Die Bäume hatten sich also auf die sommerlichen Waldbrände eingestellt und sie zum Anlass genommen, neue Bäume auszusäen. Dadurch, dass diese Brände nicht mehr stattfanden, konnten sich die Bäume nicht mehr vermehren. Die Bäume hatten sich in diesem Fall auf die Brände eingestellt und sie als Zeichen genommen, jetzt neue Samen auszusäen. Nach einem Waldbrand eine clevere Entscheidung.

Hätte jedoch der Ranger das Feuer nicht beobachtet, wären die Bäume eventuell ausgestorben, da sie sich so nicht mehr hätten fortpflanzen können.

Genauso wie diese Bäume versucht haben, sich an ihre Umgebung anzupassen, ist es hilfreich, sich an Veränderungen anzupassen, die in unserem Leben passieren. In unserer schnelllebigen Zeit sind wir permanent Veränderungen ausgesetzt. Würden wir, wie die Riesenbäume, versuchen, uns nicht schnell anzupassen, könnten wir Probleme bekommen. Dies bedeutet nicht, permanent von einem Ast zum anderen zu springen und wie ein Fähnchen im Wind zu reagieren. Es meint vielmehr, Veränderungen wahrzunehmen und die Flexibilität für neue Ideen und Verhaltensweisen zu entwickeln. Wer wird heute noch sein ganzes Leben an ein und demselben Arbeitsplatz arbeiten können? Wo Sie sich wie anpassen wollen, liegt an Ihnen.

Veränderungen sind jedoch permanente Begleiter unseres Lebens.

Wenn wir wissen, dass Veränderungen uns im Leben begleiten, sind Probleme eher auch Hinweise für Veränderungen. In diesem Fall haben wir dann wie die Riesenbäume noch keine Strategie gefunden, unsere Sporen auf eine neue Weise auszusäen.

8.1 Sich selbst erfüllende Prophezeiungen und wie man sie nutzen kann

Wie viele Jugendliche suchte auch Bernd eines Tages nach einer Lehrstelle. Bernd war schon lange dafür bekannt, dass er gerne mit elektronischen Geräten arbeitet. Sein Problem war, dass seine kinästhetische Lernpräferenz in der Schule kaum angesprochen wurde. Zudem hatte er eine Lese-Rechtschreibschwäche, da er überwiegend über das Hören Dinge wahrnahm.

So sah seine Familie wenig Chancen für ihn, dass er eine Lehre als Elektriker bekommen könnte. Im Club half er bei Theateraufführungen, bei denen er die gesamte Lichttechnik installierte, ohne dass ihn irgendjemand unterstützen musste. Egal welches elektrotechnische Problem auftrat, Bernd wusste zumeist, wie man es lösen konnte. In unserem Club war er einer der hilfsbereitesten Jugendlichen und derjenige, der fast immer eine Idee zu einem Problem hatte.

So beobachteten wir, wie er eine Bewerbung nach der anderen losschickte und eine Absage nach der anderen erhielt. Tagtäglich versuchten wir ihn zu unterstützen.

„Mit meinem Schulabschluss werde ich kaum Chancen haben, eine Lehrstelle als Elektriker zu finden, und meine Eltern meinen auch, dass ich mit meinen Rechtschreibkünsten wenig Chancen habe." „Aber was für eine Lehre möchtest du denn machen?" „Na, ich würde wirklich gerne Elektriker werden, aber das kann ich mir abschminken. Da brauche ich einen besseren Notendurchschnitt und da muss ich ja auch Rechnungen und Formulare ausfüllen, wenn ich dann arbeite. Das kann ich mit meiner schlechten Rechtschreibung nicht." „Was willst du denn sonst machen?" – „Na, irgendwas anderes. Ich hab schon ein Angebot als Fachhandelsverpacker bekommen, da muss ich nichts schreiben." „Aber das ist doch nicht das, was du wirklich gerne möchtest. Du wolltest doch, schon so lange ich dich kenne, Elektriker werden", fragte ich ihn. „Ja, will ich ja auch, aber da hab ich keine Chancen", meinte er. „Mensch Bernd, wenn du das wirklich möchtest und dies dein Traumjob ist, dann wirst du auch einen Weg finden", ermunterte ich ihn. – Wochen vergingen und Bernd fand auch trotz unserer Unterstützung keine Lehrstelle als Elektriker. Immer wieder sagte er mir, wie gerne er Elektriker werden würde. Und wir versuchten, ihn immer wieder aufzubauen und Möglichkeiten zu finden, wie er noch eine Lehrstelle finden könnte. Jedoch half leider gar nichts. Bernd begann eine Ausbildung als Fachhandelsverpacker, fuhr jeden Tag mit einem Gabelstapler durch die Gegend und war todunglücklich. Also setzten wir uns noch einmal mit ihm hin und versuchten alle Möglichkeiten auszuloten. Und plötzlich, wie durch ein Wunder, erfuhren wir von einem Sonderprogramm für Jugendliche, die noch keine Lehrstelle hatten. Ein Programm, das Jugendliche auch zum Elektriker ausbildete. Bernds Eltern hatten Vorbehalte, doch Bernd setzte sich durch. Wir schrieben gemeinsam seine Kündigung für die andere Lehrstelle und eine Bewerbung für seinen Traumjob. In einem halben Jahr wird er mit seiner Ausbildung fertig und wird als einziger Auszubildender in den Betrieb übernommen. ... Bernd hatte seinen Traum nicht aufgegeben – auch wenn es zunächst sehr schwierig schien, er hat es geschafft.

Wenn man eine bestimmte Vorstellung oder Erwartung hat, wie eine zukünftige Situation verlaufen kann und diese Situation dann auch so passiert, dann nennt man dies eine „sich selbst erfüllende Prophezeiung". Im Falle von Bernd geschah genau das, was er und seine Eltern erwartet haben. Er bekam zunächst keine Stelle als Elektriker. Shad Helmstedter beschreibt dies auch als das „Phänomen des Denkers und des Beweisführers". Bernds „Denker" dachte von sich, dass er es nicht schaffen kann. Sein Beweisführer ließ ihn sich so verhalten, dass er an einem Punkt aufgab, an dem noch Chancen vorhanden waren. Dies gab ihm aber den Beweis, dass der Denker Recht hatte. Der Denker hatte somit gewonnen, da der Beweisführer den Beweis lieferte. So setzen unendlich viele Menschen ihre negativen Schleifen immer weiter fort, da ihre Denker und Beweisführer in so guter Art und Weise kooperieren. Sie führen damit häufig ihre

Erfahrungen aus der Vergangenheit fort und beweisen es sich dauernd, bewusst oder unbewusst, dass sie scheitern müssen oder dass sie nun mal Opfer der Gesellschaft, der Verhältnisse etc. sind. Ein trauriger Teufelskreis, der aber durchbrochen werden kann.

Menschen, die in ihrem Leben selten positive Unterstützung erfahren haben, fällt es schwerer, sich vorzustellen, dass Dinge sich zum Positiven wenden können. Durch ihre Erfahrungen haben sie gelernt, dass es gut ist, auf das Schlimmste gefasst zu sein, damit sie nicht enttäuscht werden. Ihnen ist leider oft nicht klar, dass sie sich damit ihre eigene Realität schaffen, die von vornherein eine negative Ausgangsposition hat.

Orientiere ich mich negativ, habe ich gute Chancen, dass dies passiert. Denken Sie dabei nur einmal an sich selbst. Mit wem möchten Sie sich auf einer Party umgeben? Mit jemandem, der denkt, dass die Party eh nur langweilig und schlecht ist, oder mit jemandem, der sich über die coole Party freut und sich überlegt, was für einen Spaß er heute noch auf dieser Party haben kann? Es kommt darauf an, was wir denken, was wir erwarten. Sind wir in unserer Arbeit nur frustriert und ausgelaugt, wird dies auch unsere Klientel merken. Haben wir Hoffnung und Zuversicht, wird sich dies auch positiv auf unsere Umgebung auswirken. Genauso wie im Beispiel von Bernd, der das kleine bisschen Unterstützung und Zutrauen benötigte, um sich nach vorne zu wagen, um seine Vision zu leben.

Haben wir in der Arbeit z.B. Spaß, dann verbreiten wir Hoffnung und Zuversicht, die sich auf uns und unser Umfeld auswirkt. Dies ist die positive Seite der sich selbst erfüllenden Prophezeiung.

> *Die sich selbst erfüllende Prophezeiung ist die Bezeichnung dafür, dass ein Verhalten eines Menschen mit um so größerer Wahrscheinlichkeit auftritt, je mehr dieses Verhalten erwartet wird.*

Wenn jemand z.B. davon überzeugt ist, dass er von anderen Menschen abgelehnt wird, verhält er sich wahrscheinlich misstrauisch, abweisend oder aggressiv gegenüber seiner Umwelt. Oder im Falle von Bernd, wenn er und seine Familie erwarten, dass er aufgrund seiner schulischen Leistungen und seiner Rechtschreibschwäche keine Lehrstelle als Elektriker bekommen kann, dann wird er sich auch so verhalten – was er ja auch tat. Erst durch seinen eigenen Willen und unsere Überzeugung, dass er es schaffen kann, öffneten sich für ihn neue Tore. Wir versuchten ihm zu zeigen, dass Dinge möglich sind, die man manchmal für unmöglich hält. Und wir hatten die Zuversicht und die Hoffnung, dass es klappen kann, dass auch er seine Traumlehre finden kann. Und wir hatten einen weiteren Vorteil: Wir wussten, dass er es schaffen kann. Uns war klar, wie gut er ist, welches Potenzial er in sich hat und dass wir ihm diesen Glauben, dass es möglich ist, geben können. Wir versuchten Zuversicht zu vermitteln und konnten ihm damit den Rückhalt bieten, den er brauchte, um die Hoffnung nicht aufzugeben. Wir gaben ihm die Hoffnung, dass er sein Ziel erreichen kann.

Sich selbst erfüllende Prophezeiungen funktionieren also im negativen wie im positiven Sinne. Gerade wenn das Umfeld eine andere Sicht oder Einschätzung zu einem Sachverhalt hat, ist es besonders wichtig, dies in die Überlegungen mit einzubeziehen. Wir wussten in diesem Fall, dass die Eltern nur etwas pessimistisch waren, ihrem Sohn aber natürlich wünschten, dass er seinen Traumjob finden würde. Bernd verhielt sich erst so, wie seine Eltern und auch er selbst es erwarteten, später wagte er sich dann vor und gab sich die Chance, an sich selbst zu glauben. Er veränderte seine Erwartungshaltung und veränderte somit auch sein Verhalten, indem er es für möglich hielt, dass es funktionieren kann.

Wenn wir in der sozialen Arbeit versuchen, die sich selbst erfüllende Prophezeiung in unsere Arbeitsweise mit einzubeziehen, muss uns klar sein, dass nicht wir alleine Einfluss auf unsere Klientel haben, sondern dass wir nur eine von ganz vielen Sozialisationsinstanzen (Einflussbereichen) sind. Gerald G. Smale stellt in seinem Buch *„Die sich selbst erfüllende Prophezeiung"* fest, dass die Auswirkungen von negativen wie positiven Erwartungen auf die Klientel enorm sind. In Untersuchungen belegt er, dass sich dies abhängig von der Art der Bestärkung auf das Ergebnis der Gruppe negativ und positiv auswirkte. In seinem Buch stellt er weiterhin fest, dass positive Erwartungen gesundheitliche Besserungen mit sich bringen können. Andere Autoren bezeichnen dies auch als den *Pygmalion-Effekt*.

Dieses Phänomen wurde von dem englischen Wissenschaftler Sir Francis Galton (1822-1911) entdeckt. Er machte eines Tages einen Gedankenversuch: Vor seinem allmorgendlichen Spaziergang versuchte er sich ganz fest vorzustellen, dass er der meist gehasste Mann Englands ist. Mit dieser Idee im Kopf begann er seinen Spaziergang. Erst schien sein Spaziergang wie immer. Doch dann ereignete sich Folgendes: Einige Passanten warfen ihm plötzlich Schimpfwörter entgegen. Als er weiterging, bemerkte er, wie sich einige Menschen voller Abscheu von ihm abwendeten. Jemand am Hafen rempelte ihn im Vorbeigehen an, so dass Galton in den Schmutz fiel. Als ein Pferd nach ihm ausschlug und die Menschen auf der Straße für das Pferd Partei ergriffen, rannte er schnell nach Hause.

> *Es ist nicht notwendig, der Umwelt seine innere Einstellung durch Worte mitzuteilen, die Menschen erspüren sie auch so. Der Mensch wird zu dem, was er denkt.*

Dies bedeutet für unsere Arbeit, dass einer Verhaltensänderung eine Änderung des Denkens vorausgehen sollte. Verhält sich unsere Klientel nur anders, denkt aber immer noch in einer bestimmten Richtung über sich, dann wird sie keinen Erfolg mit ihren

Verhaltensänderungen haben. Dies bedeutet also, dass sich nicht nur das, was ich von mir selbst denke oder was ich erwarte, sich selbst erfüllen kann. Es bedeutet auch, dass das, was ich über meinen Klienten denke, sich auf ihn auswirken kann. Dies heißt hinwiederum, es ist wichtig, sich darüber klar zu werden, was man von seinem Klienten denkt: Ihr Glaubenssatz, ob bewusst oder unbewusst, wirkt sich auf Ihre Klientel aus, auch wenn Sie es nicht laut aussprechen.

Was denken Sie allgemein über Ihre Klientel?

Was denken Sie über Einzelne, die zu Ihnen kommen?

Fragen Sie sich, inwieweit Ihre Antworten für Sie in der Arbeit hinderlich oder förderlich sind? Welcher Satz, welche Anschauung könnte für Sie förderlicher sein? Schreiben Sie ihn jetzt auf:

Mein neuer Glaubenssatz für meine Klientel lautet:

Für unsere alltägliche Arbeit bedeutet dies, dass die Erwartungen des Helfers die Tendenz haben, sich selbst zu erfüllen. Habe ich, wie im Fall von Bernd, die positive Erwartung, dass Bernd eine Lehrstelle bekommt, kann sich dies in positiver Art und Weise auswirken. Dies kann sich auch genauso auswirken, wenn ich von einem Klienten denke, dass er es nicht schaffen wird. Für unsere Arbeit mit der Klientel heißt es, dass die Erwartungen des „professionellen Helfers" die Tendenz haben, als sich selbst erfüllende Prophezeiung zu wirken, und somit das Ergebnis seiner Bemühungen beeinflussen.

Auch Virginia Satir entdeckte dieses Phänomen bei ihren Klienten und versuchte in ihrer Arbeit, den Teufelskreis zu durchbrechen, den die Menschen sich selbst schufen. Ihre These war, dass ein geringes Selbstwertgefühl das Phänomen der „self fullfilling prophecies" hervorbringt.

8.2 Erlernte Hilflosigkeit und wie man sie verlernen kann

Steffi sitzt im „Offenen Bereich" (Clubraum) des Jugendclubs und starrt vor sich hin. Als ich zu ihr gehe, merke ich, in welch schlechtem Zustand sie ist. Als ich sie anspreche, fängt sie sofort an zu weinen. Ich nehme sie in die Arme, woraufhin sie ganz entsetzlich anfängt zu schluchzen. Nach einer Pause erzählt sie mir, dass ihr Freund mit ihr „Schluss gemacht" hat.

Bei meinem anschließenden Gespräch fällt mir auf, wie sehr dieser Vorfall sie verwirrt hat. Steffi ist normalerweise ein starkes und selbstbewusstes Mädchen. Auf meine Nachfragen hin erzählt sie mir, dass ihr Trennungen immer sehr zu schaffen machen. Sie war 12 Jahre alt, als ihre Eltern sich scheiden ließen. Steffi hat normalerweise eine Menge Ideen. In diesem Fall scheint sie wie versteinert, und als ich sie frage, was sie jetzt machen will, fällt ihr nichts ein. „Es hat doch keinen Sinn, nochmal mit Robert zu reden. Es ist vorbei, da kann man nichts machen." Im anschließenden Gespräch finden wir dann mit einiger Mühe gemeinsam neue Ideen, was sie eventuell doch noch machen könnte. Ich bin jedoch erstaunt, wie hilflos Steffi sich fühlt.

Diese plötzliche Hilflosigkeit verwundert mich in der Arbeit immer wieder. Wieso sind einige Menschen in der Lage, Probleme und Krisen von sich aus zu lösen, und andere nicht? Wieso scheitern einige Menschen genau an dem Problem, das für andere kein Problem ist? Wieso sehen manche Probleme als Herausforderung, bleiben gelassen und ruhig und andere nicht? Was ist dieser bestimmte Punkt, an dem Menschen, die gut mit Problemen umgehen können, beginnen, das Problem zu lösen, und andere aufgeben. Wieso verfallen einige in Hilflosigkeit und andere nicht? Nach meinen Beobachtungen scheint es, als ob ein Schalter in einer anderen Richtung liegt, als ob eine Weiche anders gelegt ist. Bei einigen Menschen sieht es so aus, als ob ein Problem gleichbedeutend mit einer Sackgasse ist. Für andere ist es wie eine Gleisverbindung, die auf unterschiedlichen Wegen zu einem Ziel führt. „Dann müssen wir wohl einen anderen Weg suchen", sagen sie dann. Oder wenn eine Schwierigkeit auftritt, kommentieren sie es mit den Worten: „Geht nicht gibt's nicht!"

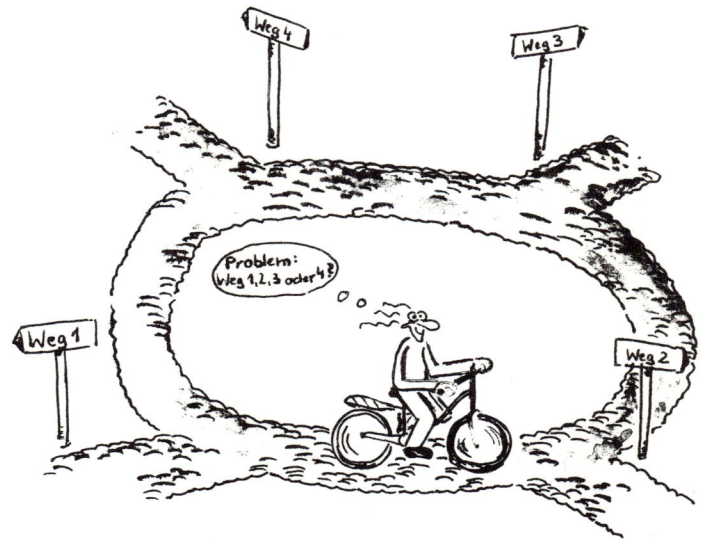

So höre ich die Zuversichtlichen ein Problem angehen. Die anderen sagen: „Ich weiß gar nicht, was ich machen soll. Das kann ich aber nicht. Mir fällt nichts dazu ein. Ich weiß mir nicht zu helfen. Was soll ich denn bloß tun?" Eine Erklärung für diese Reaktionen ist das Phänomen der erlernten Hilflosigkeit. Bei der erlernten Hilflosigkeit handelt sich um das Symptom, dass eine Person scheinbar erstarrt, wenn sich Krisen anbahnen oder Schwierigkeiten auftreten.

Die Person hat aus ihrer eigenen Geschichte erlebt, dass ihr Handeln keinen Sinn hat. Sie verharrt also im Nichtstun. Sie hat in ihrer Vergangenheit (meist in der Kindheit) erlebt, dass sie auf die Ereignisse um sie herum keinen Einfluss hat. Für sie ist es dann in späteren Situationen, in denen sie ähnliche Signale empfängt, ebenfalls sinnlos, etwas zu unternehmen. Um diese erlernte Hilflosigkeit aufzubrechen, gibt es Methoden, den Menschen wieder beizubringen, dass ihre Handlungen erfolgreich sind und etwas bewirken. Dies muss jedoch neu erlernt werden. Eine Möglichkeit, dies wieder zu lernen, ist, die Person in eine „schwierige" Situation, die lösbar ist, zu bringen: Die Person durchlebt das Problem, macht aber die neue Erfahrung, dass sie sich helfen kann. Hierdurch erfährt die Person, dass ihre Handlungen Einfluss auf das Geschehen und die Probleme haben. Sie wird dadurch in die Lage versetzt, ihre erlernte Hilflosigkeit wieder zu verlernen und Handlungsfähigkeit zu erfahren.

Aber welche Strategien benutzen die Problemlöser? Ist es eine Möglichkeit, die nachahmbar (modellierbar) ist und somit anderen Menschen beigebracht werden kann? Was können wir als professionelle Helfer dafür tun, diese Menschen zu unterstützen? Welche Mittel können wir ihnen an die Hand geben?

Zusammenfassung:

Veränderungen begleiten unser Leben und sind Chancen, Neues zu entdecken. Veränderungen als Herausforderungen zu verstehen hilft uns, flexibler zu sein und uns den Gegebenheiten anzupassen. Flexibel zu sein im Denken heißt es auch bei den sich selbst erfüllenden Prophezeiungen. Habe ich ganz bestimmte Ideen zu Problemen oder Klienten, sollte ich daran denken, dass sich diese gerne selbst erfüllen. Denke ich zuversichtlich, können sich Situationen und Personen in diese Richtung entwickeln.

9. Zuversicht vermitteln – Wie man Probleme anders lösen und Optimismus lehren kann

„Wer wünscht und hofft, der lebt schon in der Zukunft." – *L. Schefer*

„Aber wenn ich dann auf sie zugehe, wird sie denken, ich bin der totale Idiot. Ich werde bestimmt anfangen zu stottern und mich vollkommen lächerlich machen. Sie wird bestimmt nie wieder mit mir reden und mich für bescheuert halten. Und außerdem traue ich mich nicht, sie einfach anzusprechen. Was soll ich denn sagen, und wen interessiert es überhaupt, was ich sage? Ach, das hat doch sowieso keinen Zweck." Mario ist ein Jugendlicher von 19 Jahren, der sich gerade mal wieder unsterblich in ein Mädchen verliebt hat und mich um Rat bittet. Tja, was soll ich dazu sagen? Dass er Recht und damit bestimmt keine Chance bei dem Mädchen hat, wenn er so weiterdenkt. Dass er mit seinem Denken sein Handeln bestimmt? Nein, das habe ich ihm schon oft gesagt. Er verfällt immer wieder dem negativen Teufelskreis der sich selbst erfüllenden Prophezeiungen.

Zuversicht zu vermitteln ist eine unserer Hauptaufgaben. Zuversicht, dass sich die Probleme verändern, sie lösbar werden. Hoffnung, dass Lebensumstände sich zum Positiven wandeln, dass Situationen nicht ewig währen. Zutrauen, dass Dinge sich zum Besseren wenden. Wir geben Vertrauen, dass es möglich ist, aus dem Teufelskreis der negativen Gedanken herauszukommen.

Wir vermitteln Zuversicht in den Menschen und arbeiten daran, dass ihre negativen Gedanken, ihre negativen Erfahrungen und Erwartungen nicht wieder durch sie selbst bestätigt werden. Wir geben die Zuversicht, dass Veränderung möglich ist, und die Hoffnung, dass Menschen ihre eigenen Potenziale noch ausbauen und neue entdecken. ... Und wir arbeiten daran, dass sie diese Zuversicht für sich selbst entwickeln und gesunden Optimismus lernen können.

Wie man Optimismus lehren kann, fand ich bei E.P. Seligman in seinem Buch „*Kinder brauchen Optimismus*" beschrieben. Sein Buch gab mir Antworten darauf, warum Menschen so unterschiedlich auf Probleme reagieren. In seinen Ausführungen beschreibt er, wie man seinen Klienten beibringen kann, Schwierigkeiten neu zu bewerten. Er zeigt in seinen Untersuchungen auf, dass es unterschiedliche Menschentypen gibt, die unterschiedlich mit Problemen umgehen. Er lässt uns an einem Forschungsprozess teilnehmen. Er macht sichtbar, wie Menschen vorgehen, die ihre Probleme positiv „optimistisch" lösen. Wie bei einem Überraschungspaket löst er ein Geschenkpapier nach dem anderen und legt die Strategie der optimistischen Problemlöser dar. Besonders faszinierend ist hier für mich, wie viele NLP-Axiome in seinen Ausführungen enthalten sind. So spricht er davon, den „Inneren Dialog" bei pessimistischen Kindern zu unterbrechen und stellt ein Lernprogramm auf, wie wir den Kindern und Jugendlichen zum Beispiel beibringen können, sich anstatt der negativen Gedanken fünf „kühle" (andere oder positivere) Gedanken zum gleichen Sachverhalt zu machen. Weiter stellt er in seinen Ausführungen fest, dass „resiliente" (krisenfeste) Menschen ihre Probleme anders lösen. Er zeigt uns folgende fünf Lernmöglichkeiten auf, die man Kindern, Jugendlichen und Erwachsenen beibringen kann, wenn es zu einem negativen Gedanken oder zu einem Problem gekommen ist:

1. Im Gegensatz zu den Problempanikern, die, wenn ein Problem auftritt, oft schneller und hektischer werden, werden die resilienten Menschen langsamer. Sie reagieren nicht impulsiv und verlieren die Kontrolle und brechen in Panik aus, sondern werden erst einmal ruhiger. Sie unterbrechen hiermit den schnellen inneren Dialog und verändern die Untereigenschaften ihrer Gedanken (*Submodalitäten*; siehe Glossar) von schnell auf langsam.

2. Sie versuchen, die Perspektive zu wechseln. Sie probieren, nicht nur ihre Position in dem Problem zu sehen, sondern auch die des Gegenübers oder des gesamten Systems. Sie begeben sich in die Position des anderen und später in die Beobachtersituation (*Meta-Ebene*).

3. Des weiteren versuchen die „Problemlöser" für sich zu klären, was das Ziel sein könnte. Sie stellen sich die Frage: „Wo will ich eigentlich hin, wenn das Problem gelöst ist?" (In NLP-Worten: eine „*Vom-Problem-zum-Ziel-Strategie*".)

4. Als Viertes wählen die Problemlöser einen Weg aus, den sie gehen wollen. Das heißt, sie begeben sich in die *Aktion*.

5. Als Letztes schauen sie zurück und sehen sich an, wie die Lösung funktioniert hat und ob diese Lösungsmöglichkeit eine gelungene war. Sie stellen sich die Frage, ob das

Verhalten zu ihnen passt und ob sie es noch einmal anwenden können. (In NLP-Sprache: ein *Ökologie-Check*.)

Für mich sind diese Ausführungen von Seligman eine hervorragende Methode, die ich in meiner Beratungstätigkeit anwende. Auch Mario benutzt diese Strategie jetzt. Seinen Pessimismus lernt er nun jeden Tag neu in Optimismus zu verwandeln. Ein längerer Prozess, den ich noch mit anderen NLP-Techniken unterstützte.

Kam Mario früher in die Einrichtung, saß er oft den Kopf nach unten gesenkt da, rauchte und sprach mit niemandem. In einem meiner Gespräche mit ihm, als er über seine Kontaktschwierigkeiten sprach, spiegelte ich ihm seine Körperhaltung und fragte ihn ganz offen: „Mit wem würdest du lieber etwas unternehmen? Mit jemandem, der oft traurig zu Boden schaut, oder mit jemandem, der dich fröhlich anlächelt und aufrecht dasitzt?" Er lachte, da ich ihm die Situation sehr übertrieben darstellte und ihm seine Körperhaltung extrem spiegelte. Zusammen probierten wir dann andere mögliche Körperhaltungen aus, und ich erklärte ihm, dass es im NLP verschiedene Augenbewegungsmuster gibt. Er hörte mir interessiert zu und erkannte für sich, wie häufig er auf den Boden blickt und sich somit im „Gefühlsbereich" befindet und in seinem inneren Dialog. „Schau öfter mal nach oben", sagte ich ihm. „Da oben sind deine Visionen, deine neuen Ideen und da kann auch ein neues Bild von dir entstehen. Denke an deine Liebe zum Tanz und zur Musik, deine Fähigkeiten zu komponieren und höre dich, wie du einigen Menschen deine Lieder vorspielst." „Meinem Bruder habe ich einmal etwas vorgespielt und da war er total begeistert." „Genau an solche Situationen solltest du zurückdenken und dich daran erinnern, dann strahlst du natürlich etwas ganz anderes aus, als wenn du an irgendwelche negativen Erfahrungen denkst."

Mario und ich führten mehrere Gespräche, soweit meine Zeit es im normalen Arbeitsalltag erlaubte. Wir machten später auch den *„Moment of Excellence"-Prozess*, wo er eine persönliche Bestleistung ankerte. Hierzu nahm Mario die oben beschriebene Situation mit seinem Bruder, als er ihm seine Musik vorgespielt hatte. Dies „ankerte" er als eines seiner schönsten Erlebnisse in seinem Leben. Genau diesen Anker benutzte er später in einem Bewerbungsgespräch, versetzte sich also in eine persönliche Bestleistungsform und bekam den Job, obwohl er wie so häufig dachte, er würde die Arbeit nie bekommen.

Natürlich kann man einen Pessimisten nicht von einem zum anderen Tag zum Optimisten machen, aber man kann neue Methoden vermitteln, neue Möglichkeiten aufzeigen, wie man Situationen auch anders meistern kann, und Menschen die Zuversicht geben, dass Veränderung möglich ist.

Zusammenfassung:

Wenn wir unserer Klientel den Glaubenssatz vermitteln können, dass Probleme lösbar sind, haben wir schon viel erreicht. Zuversicht zu vermitteln ist eine der Hauptaufgaben im sozialen Bereich, d.h. Hoffnung geben, dass Probleme lösbar sind. Die Methoden von guten Problemlösern zeigen auf, wie man Optimismus bei der Klientel wecken kann.

10. NLP-Handwerkskoffer für die Arbeit

10.1 Neue Problemlösungsstrategien aus dem NLP

Laut Definition ist Problemlösen die zusammenfassende Bezeichnung für Prozesse beim Bearbeiten von Denkaufgaben, die nicht die bloße Anwendung früherer Erfahrungen, sondern neuartiger Strategien erfordern. Problemlösen gilt als hervorragende Teilfähigkeit der Intelligenz („*Meyers Großes Taschenlexikon*").

Wie ich schon im Kapitel über die Grundannahmen des NLP dargestellt habe, hat das NLP eine andere interessante Herangehensweise an Probleme.

Probleme werden im NLP als Ziele bezeichnet, die auf dem Kopf stehen. NLP geht davon aus, dass uns jedes Problem einen Hinweis geben will.

NLP meint, dass diese Schwierigkeit nur aufgetaucht ist, da wir irgendetwas übersehen haben. Hinter jedem Problem steckt eine positive Absicht. Erkenne ich die positive Absicht des Problems, wird mir das Ziel des Hindernisses deutlich. Erst wenn ich das Ziel des Problems in meine Lösung integriere, werde ich das Problem lösen können.

Renate steht verheult im Club. „Meine Mutter hat mich gerade von zu Hause rausgeschmissen. Sie sagt, sie hat keine Lust mehr, immer mein Zeug wegzuräumen und dass wir uns sowieso nur streiten und dass ich jetzt ins Heim soll." Es braucht einige Zeit, bis ich Renate wieder ein bisschen beruhigt habe und sie meine Worte hören kann. Wir beginnen darüber zu reden, was sie jetzt machen kann, um das Problem zu lösen. Was möchte sie eigentlich? Warum ist die Mutter so genervt etc.? Irgendwann ist Renate so weit, dass sie wieder „Land sieht" und neue Ideen hat, was sie machen kann. Einige Tage später habe ich in einem weiteren Gespräch die Möglichkeit, sie zu fragen, ob sie im Nachhinein das Gute an den Auseinandersetzungen entdecken kann. Sie schaut mich ganz verblüfft und fragend an. Nach einer kurzen Gesprächspause sagt sie: „Na ja, das hört sich zwar blöd an, aber jetzt weiß ich, was ich will und dass mich das auch nervt mit meiner Mutter. Ich hab jetzt verschiedene Möglichkeiten, und vielleicht kann ich jetzt mit meiner Mutter darüber reden, dass ich eigentlich schon seit langem ausziehen will."

Renate ist durch das Problem klar geworden, was sie möchte und welches eigentlich ihr Ziel ist. Die positive Absicht war in diesem Fall, dass Renate deutlich wurde, dass sie die Situation zu Hause schon lange beschäftigt. Auch sie ist genervt und ärgert sich über das Verhalten ihrer Mutter. Durch diesen Vorfall ist Renate dies deutlicher geworden. Durch den Streit ist beiden Parteien klar geworden, dass die momentane Situation eine Veränderung braucht.

10.1.1 Vom Problem zum Ziel

Stellen Sie sich nun vor, Sie haben ein Problem. (Vielleicht möchten Sie hier Ihr Problem von Abschnitt 2.2 bearbeiten ...) Nehmen Sie sich einen Stift und ein Blatt Papier, suchen Sie sich einen ruhigen Ort und beginnen Sie damit, eine Problemliste aufzustellen. Schreiben Sie für den Anfang drei Probleme auf, die Sie bewegen.

Problemliste:

1.
2.
3.

Grübeln Sie nicht zu lange über diese Probleme nach, damit bringen Sie sich nur in einen negativen Zustand, der für eine Zielfindung hinderlich ist. ... Stehen Sie jetzt kurz auf. Gehen Sie einmal um Ihren Stuhl und denken Sie an die Farbe Blau.

Sie haben gerade einen *Separator* gemacht. **Separator nennt man im NLP Aktionen, die bestimmte Zustände unterbrechen.** Durch das Ausfüllen der Problemliste kann es sein, dass Sie in einen negativen inneren Zustand gekommen sind. Um diesen Zustand zu verändern, benutzt das NLP diese Unterbrecher. Sie bewirken, dass der Mensch sich bewegt, wodurch sich automatisch der innere Zustand verändert.

Versuchen Sie einmal, sich zusammengesackt hinzusetzen. An was denken Sie? Wie fühlen Sie sich? ... Richten Sie sich im zweiten Schritt auf, atmen Sie tief durch. Fühlen Sie sich jetzt wieder besser? Separator sind in der Beratungsarbeit in festgefahrenen Gesprächen eine große Hilfe. Dies bedeutet nicht, dass Sie Ihre Seminargruppe oder Elternvertreterversammlung aufstehen lassen und den Leuten sagen, sie sollen an Blau denken und um den Stuhl gehen. Dies würde eher zur Folge haben, dass man sich sichtlich Sorgen um Ihr Wohlbefinden machen würde. ...

Unterbrecher können kleine Dinge sein: wie das Bücken nach einem Bleistift, das Auflegen einer CD, das Aufstehen vom Stuhl, um Getränke zu holen, das Anmachen des Lichtes im Raum, das Hinüberreichen eines Schriftstückes etc.

Schlagen Sie im Seminar doch einfach eine Pause vor, wenn Sie merken, es geht nicht voran. Das Wichtige beim Separator ist, dass sich die Person oder die Personen, mit denen Sie im Gespräch sind, bewegen. Sie werden sehen, danach kann es gleich viel einfacher und gelöster weitergehen.

Wenden wir uns jetzt noch einmal der Problemliste zu: Wählen Sie von Ihren drei Problemen eines aus, an dem Sie jetzt arbeiten möchten. (Die anderen beiden Probleme können Sie sich dann zu einem späteren Zeitpunkt vornehmen.)

Beispiel:

Problemliste: *Ich kann nicht abschalten, ich nehme die Probleme der Arbeit mit nach Hause.*

Wählen Sie jetzt Ihr Problem: _____

Stellen Sie sich nun folgende Fragen: „Was ist das Ziel meines Problems? Wo will das Problem mich hinbringen? Was will das Problem von mir, was ich so noch nicht verstanden habe? Was ist nützlich an dem Problem?"

In diesem Fall will das Problem z.B. von mir, dass ich lerne, abzuschalten und meine Arbeitsprobleme auch dort zu lassen. Außerdem zeigt mir das Problem, dass ich auch zu Hause beschäftigt bin und mich nicht noch um andere Dinge kümmern kann. Das Problem verschafft mir also auch Ruhe. Aus dem Problem soll anschließend ein Zielsatz formuliert werden, der die Lösung des Problems beinhaltet. Damit der Zielsatz funktionieren kann, sollte ich sicher stellen, dass ich zu Hause Ruhe habe und mich nicht um andere Dinge kümmern muss. Der Zielsatz würde in diesem Fall heißen: Ich schalte ab und verschaffe mir Ruhe.

Der nächste Schritt würde heißen: Wie kann ich sicherstellen, dass mir dies auch gelingt?

1. Wie kann ich lernen abzuschalten?
2. Kenne ich eventuell eine Person, die dies gut kann? Kann ich diese Person befragen?
3. Wendet sie bestimmte Techniken an?
4. Kenne ich bestimmte Entspannungstechniken oder wo kann ich sie erlernen?
5. Wie kann ich dann im zweiten Schritt lernen, die Probleme auf der Arbeit zu lassen?

Hier die klassischen „Vom-Problem-zum-Ziel"-Fragen, die Sie für Ihre Arbeit nutzen können:

1. Was ist mein Problem (Formulieren Sie das Problem in einem Satz)?
2. In welcher Situation stört das Problem?
3. In welcher Situation ist das Problem nützlich?
4. Was ist die positive Absicht des Problems? Wohin will das Problem mich bringen? Wie kann ich die positive Absicht im Zielsatz sicherstellen?
5. Formulieren Sie den Zielsatz.

Wenn Sie Ihren Zielsatz formuliert haben, können Sie mit den Kriterien für *wohlgeformte Ziele* erste Schritte in Richtung zu Ihrem Ziel unternehmen:

1. Das Ziel sollte positiv formuliert sein.
2. Das Ziel soll von Ihnen selbst ausgehen und innerhalb Ihrer Kontrolle liegen.
3. Formulieren Sie das Ziel genau.
4. Überlegen Sie, welche positiven und welche negativen Auswirkungen es für Sie haben wird, wenn Sie das Ziel erreichen (*Ökologie-Check*). Paßt Ihr Ziel in Ihre innere und Ihre äußere Welt? Welche Konsequenzen wird es haben? Paßt es zu Ihren Ideen, Gedanken und Werten?
5. Unterteilen Sie das Ziel in handhabbare Schritte. (1. Heute mache ich ...; 2. Morgen ...).

6. Wie können Sie einfach und leicht den ersten Schritt in Richtung auf Ihr Ziel unternehmen?

7. Wie wird es sein, wenn Sie Ihr Ziel erreicht haben? Woran werden Sie merken, dass Sie Ihr Ziel erreicht haben (*Future Pace*)?

Nach diesem Prozess ermuntern Sie Ihre Klientel, heute noch den ersten Schritt in Richtung Ziel zu unternehmen.

> *In unserer Arbeit benötigen wir häufig Strategien, Techniken und Methoden, wie man auf unterschiedlichste Art und Weise Probleme lösen kann. Hier kommt es oft darauf an, dass wir für die verschiedensten Konflikte und Schwierigkeiten, von denen wir hören, auch die Möglichkeit haben, entsprechend etwas anzubieten.*

Nicht immer sind bestimmte Strategien für bestimmte Probleme gut. Entscheidend ist die Person, um die es geht. Eine maßgeschneiderte Interventionsmöglichkeit zu entwerfen, die von dem Ratsuchenden auch angenommen wird, ist eine große Kunst. Es bedeutet nicht nur, irgendwelche gute Ideen zu entwickeln, tolle Techniken zu vermitteln oder entsprechende Ausbildungen absolviert zu haben, sondern es bedeutet besonders, den Ratsuchenden genau wahrzunehmen: Welche Landkarte und welche Filter hat mein Gegenüber, was sind seine Hauptrepräsentationssysteme, was ist sein Lieblingskanal etc.?

Ich brauche zum Beispiel einem „Visuellen" nicht zu erzählen, dass er einen Konflikt mit jemandem am Telefon diskutieren soll, wenn es für ihn wichtig ist zu sehen, wie sein Gegenüber auf seine Argumente reagiert. Oft ist es wichtig, erst einmal zu erarbeiten, welche Ressourcen (d.h. welche Unterstützung und welche Kraft- und Energiequellen, welche Fähigkeiten usw.) benötigt werden, um am Ziel ankommen zu können. Was benötigt meine Klientel noch?

Ich habe für Sie einige wichtige Eckpunkte zusammengetragen, die nützlich sind, um zu überprüfen, ob man den Ratsuchenden so genau wie möglich verstanden hat.

Voraussetzungen: Welche Eckdaten sollte ich im Vorfeld klären?

1. Wieviel Zeit habe ich? 2. Habe ich (einen) Raum? 3. Habe ich die Möglichkeit, mich voll auf die Person zu konzentrieren? 4. Möchte ich der Person überhaupt helfen? 5. Was weiß ich über die Person? 6. Was denke ich über die Person? 7. Bin ich in einem guten Zustand? 8. Habe ich meinen Schutzanzug an?

Wenn Sie diese Eckdaten für sich überprüft haben, können Sie sich nun daran machen, Ihren NLP-Handwerkskoffer zu öffnen. Versuchen Sie Ihre neuen Werkzeuge zu benutzen. Folgende Liste soll Ihnen eine Unterstützung sein.

10.1.2 Checkliste des Beraters beim Problemlösen

1. Habe ich *Rapport*?
2. Welche Wahrnehmungskanäle kann ich aus seinem *Sprachmuster* erkennen?
3. Welche *Wahrnehmungskanäle* kann ich aus seiner Körperhaltung erkennen?
4. Welche *Filter* hat der Ratsuchende?
5. Auf welche *Landkarte* stoße ich?
6. Welche *Glaubenssätze* tauchen immer wieder auf?
7. Was ist *nützlich an dem Problem*?
8. Was ist *hinderlich an dem Problem*?
9. Was ist das *Ziel des Problems*?
10. Wo versucht die Person, das *Problem* zu *vertuschen*, auszuweichen?
11. Habe ich alle *Informationen*?
12. Entwerfe ich eine *Lösungsstrategie*, die zu der entsprechenden Person passt?
13. *Hat das Problem etwas mit mir zu tun?*
14. Welche *Ressourcen* benötigt die Person?
15. Welche Ressourcen hat sie bereits?

10.2 Übungen, um Probleme anders zu lösen

Im Folgenden habe ich noch einige Übungen zusammengestellt, die eine alternative Herangehensweise an Probleme ermöglichen.

10.2.1 Der „Als-ob"-Rahmen

Wozu ist die Übung nützlich?

➤ Um sich vom Problem zu lösen,
➤ Dissoziieren,
➤ um neue, andere Problemlösungsmöglichkeiten zu entdecken,
➤ um ein Problem aus einer anderen Perspektive heraus zu sehen.

Der „Als-ob"-Rahmen ist zudem eine effektive Methode, um sich vom Problem zu lösen und um einen anderen Blickwinkel zu bekommen. Diese Übung lässt sich sehr gut in der Beratungsarbeit anwenden und benötigt wenig Zeit. Beim „Als-ob"-Rahmen stellen wir uns vor, dass wir in der Lage wären, das Problem von der Zukunft aus zu betrachten:

Übungsverlauf:

1. Schritt: Versetzen Sie Ihren Klienten in die Lage, sich vorzustellen, er wäre in der Zukunft. Lassen Sie ihn z.B. die Augen schließen und er solle sich vorstellen, dass ein

NLP-Handwerkskoffer für die Arbeit • 143

Jahr vergangen ist. Er soll sich vorstellen, dass er zu diesem Zeitpunkt das Problem schon gelöst und sein Ziel erreicht hat.

2. Schritt: Fragen Sie ihn, wie es für ihn ist, das Ziel erreicht zu haben? Wie sieht sein Alltag jetzt aus?

3. Schritt: Wie hat Ihr Klient sein Ziel erreicht? Wie hat er das Problem gelöst? Lassen Sie sich Antworten auf diese Fragen geben. Welchen Weg hat Ihr Klient gewählt?

4. Schritt: Holen Sie Ihren Klienten wieder in die Gegenwart zurück. Fragen Sie ihn, welche Schritte er als Erstes gehen kann, um diese Lösungsmöglichkeit zu realisieren.

Dies ist eine sehr einfache und schöne Methode, die Sie auch in einem ganz normalen Gespräch mal kurz mit einflechten können. Die Ideen, die alleine durch die gedankliche Distanz entstehen, sind oft erstaunlich.

10.2.2 Mentorenmodell

Das Mentorenmodell ist ebenfalls eine schöne Technik, wodurch Ihre Klientel erleben kann, dass die Lösungen für die Probleme in ihnen selbst bereits vorhanden sind.

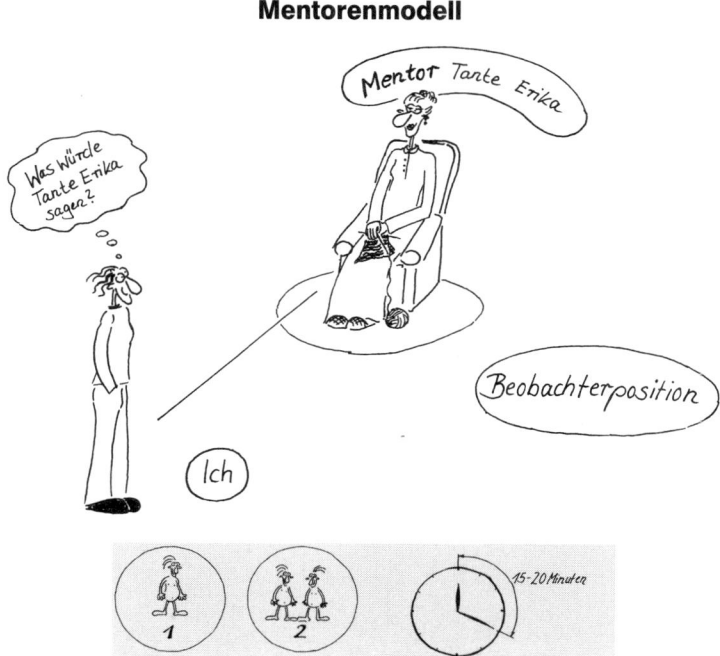

Wozu ist die Übung nützlich?

- Problemlösungsstrategien von anderen Personen nutzen,
- Problem aus anderer Perspektive erleben,
- vom Problem dissoziieren,
- neue Lösungen entwickeln.

Bei dieser Methode kann man sehr gut mit Bodenankern arbeiten. Wir bereiten drei Zettel vor. Auf einen schreiben wir das Wort ICH, auf den zweiten das Wort MENTOR (den Namen des Mentors, wenn wir ihn erfahren haben) und auf den dritten Zettel BEOBACHTERPOSITION. (Diese Zettel sind die Bodenanker.)

Lassen Sie nun Ihren Klienten an jemanden denken, der ihm schon oft im Leben mit guten Ratschlägen zur Seite gestanden hat. (Dies können auch bereits verstorbene Menschen sein.) Schreiben Sie den Namen der Person auf den Zettel MENTOR.

Jetzt lassen Sie Ihren Klienten die Bodenanker im Raum so verteilen, wie die entsprechenden Personen platziert sein sollen. Stellen Sie sich neben Ihren Klienten (hier immer darauf achten, dass Sie die Person an Ihrer linken Seite haben. Sie begleiten Ihren Klienten durch alle Positionen) und gehen Sie gemeinsam auf die Beobachtungsposition. Dies ist Ihre Start- und Ruheposition. Lassen Sie Ihren Klienten noch einmal beurteilen, ob alle Positionen gut verteilt sind. Gehen Sie nun gemeinsam zu der ICH-Position und fordern Sie Ihren Klienten auf, in die ICH-Position einzusteigen und seine Problemlage dem Mentor zu schildern. Wenn Sie damit fertig sind, gehen Sie auf die Stelle des Beobachters zurück und gehen von da aus auf die MENTORENPOSITION. Begleiten Sie Ihren Klienten zur MENTORENPOSITION. Lassen Sie Ihren Klienten in die MENTORENPOSITION eintreten und ihm von dem MENTOR eine Antwort auf das Problem geben (zum Beispiel: Was würde Tante Erika dazu sagen?). Wenn Ihr Klient eine Antwort erhalten hat, gehen Sie zurück zur Beobachterposition. Dann gehen Sie noch einmal zur ICH-Position, um zu überprüfen, ob die Antwort Ihnen weiterhilft. Falls dies der Fall ist, gehen Sie noch einmal mit Ihrem Klienten zur Beobachterstelle und fordern Ihren Klienten auf, sich für die Mithilfe beim MENTOR zu bedanken. Lassen Sie dann die Bodenanker einsammeln, es schließt den Prozess offiziell ab.

Falls Sie nach der ersten Frage keine befriedigende Antwort erhalten, können Sie einige Male zwischen der ICH-Position und dem MENTOR hin und hergehen, bis die Antwort für Ihren Klienten stimmig ist.

10.2.3 Meinen eigenen Berater fragen

Wozu ist die Übung nützlich?

➤ Problem anders lösen,
➤ neue Perspektive entdecken,
➤ sich vom Problem dissoziieren.

Übungsverlauf:

Nehmen Sie sich etwa 15 Minuten Zeit. ... Stellen Sie sich in Gedanken vor, dass Sie sich in einem Beratungsgespräch befinden. Stellen Sie drei Stühle auf: einen Stuhl für den Ratsuchenden, einen für den Berater und einen für den Beobachter.

Nehmen Sie selbst jetzt noch einmal bewusst die Position des Ratsuchenden ein und beginnen Sie Ihr Problem zu erzählen. Als nächstes setzen Sie sich auf die Position des Beraters. Was würden Sie sich selbst raten? Wenn Sie auch dies abgeschlossen haben, schauen Sie sich die gesamte Situation aus der Beobachtersituation an. Ist dies wirklich das, was Sie einem Ratsuchenden mitteilen würden? Wenn nein, gehen Sie noch einmal in die Position des Ratgebenden. Wiederholen Sie den Vorgang so lange, bis Sie eine für Sie befriedigende Antwort bekommen haben. Schreiben Sie sich den Rat auf und überlegen Sie die nächsten Schritte, die Sie unterstützen können. Was können Sie als Nächstes tun, um zu Ihrem Ziel zu kommen?

10.3 Tipps für die Gruppen- und Teamarbeit

10.3.1 Arbeit mit Raumankern

Sowohl in der Beratungsarbeit als auch in der Gruppen- und Teamarbeit kann man gut mit Raumankern arbeiten. Anker können nicht nur Berührungen am Körper sein oder die Erinnerung an Bilder oder Töne, sondern auch Räume und Sitzpositionen. Raumanker sind bestimmte Plätze, an denen Sie bestimmte Arbeiten ausführen. So kann es einen Raum für Teamarbeit geben. Jedesmal, wenn Sie mit Ihrem Team arbeiten wollen, gehen Sie in diesen Raum. Mit der Zeit werden alle unbewusst diesen Raum als Teamraum definieren. Die Teamarbeit wird so einfacher, da für alle mit dem Eintritt in den Raum klar ist, dass jetzt Teamarbeit stattfinden wird.

In diesem Raum können Sie dann noch Positionen für unterschiedliche Arbeitsinformationen einnehmen. In der linken Ecke des Raumes könnte der Platz sein, wo Sie sich hinstellen, um neue Ideen und Projekte zu entwerfen. In die rechte Ecke des Raumes gehen Sie immer, wenn Sie vergangene Projekte und Aktionen reflektieren. So können Sie durch verschiedene Positionen im Raum schon unterschiedliche Akzente setzen.

Sie können dies auch bei der Beratungsarbeit nutzen: Wenn Sie einen Beratungsraum in Ihrer Einrichtung haben, nutzen Sie z.B. immer wieder denselben Stuhl und dieselbe Sitzposition. Sie ankern damit automatisch für Ihre Klientel eine gute Beratungssituation. Kommen Ihre Ratsuchenden zu Ihnen, erinnert Sie die Situation gleich an eine erfolgreiche Begebenheit.

In der Gruppenarbeit können Sie ebenfalls wie in der Teamarbeit einen Raum mit Positionen ausstatten, wo ganz bestimmte Handlungen passieren. Wollen Sie Ihre Gruppe zur Aktion animieren, machen Sie z.B. kurz vorher einen Schritt nach vorne und ankern Sie mit dieser Bewegung jedesmal die Situation, wenn die Gruppe in Bewegung kommen soll. Nehmen Sie auch in diesem Raum Positionen ein, wo Sie erstens Neues erklären und wo zweitens Altes besprochen wird etc.

Raumanker machen uns unsere Arbeit etwas einfacher, da Sie schon im Vorfeld eine Information geben, was jetzt als Nächstes passieren wird.

NLP-Handwerkskoffer für die Arbeit • 147

10.3.2 Kreativitätsstrategie für neue Projekte

Die Walt-Disney-Strategie

Walt Disney ist für seine vielen Filme in aller Welt bekannt. Er hatte zu seinen Lebzeiten eine sehr interessante Arbeitsweise, um seine Filme entstehen zu lassen. Im NLP ist die Walt-Disney-Strategie eine Methode, um die eigene Kreativität anzukurbeln und hervorragend geeignet, um bei Problemlösungen behilflich zu sein. Walt Disney hatte also das Problem, wie er seine vielen Ideen für seine Filme unter einen Hut bringen konnte. Er hatte eine Menge Wissen, wie er die Filme drehen könnte. Blieb die Frage: Wie können sie real werden? So entwickelte er eine interessante Strategie: Er teilte seine Arbeitsräume in drei Räume.

Ein Raum stand für den Träumer. In diesen Raum ging er, um alle seine traumhaften Ideen zu entwickeln. Er entspannte sich und träumte die tollsten und unmöglichsten Gedanken für sein neues Projekt. In diesem Raum ließ er all seinen Ideen und Phantasien freien Lauf, ohne sie zu zensieren. Als Nächstes ging er in den Raum des Kritikers. Hier wurde er darauf aufmerksam gemacht, was wirklich möglich ist. Der Kritikerraum erinnerte ihn zum Beispiel an finanzielle Grenzen und Ähnliches. Vom Kritiker wurden alle kritischen Belange hervorgehoben. Als dritten Raum hatte er den Raum des Realisten. Hier wurden die Qualitäten des Träumers und die des Kritikers überprüft. In diesem Raum ging es darum, Ideen und Möglichkeiten zusammenzubringen und zu sehen, was man real aus dem Projekt machen kann. Welche Ideen lassen sich umsetzen und wie kann man sie verwirklichen?

In der Arbeit lassen sich mit der Walt-Disney-Strategie neue Vorhaben und Projekte entwickeln und realisieren.

Walt-Disney-Strategie

Wozu ist die Übung nützlich?

➤ Kreative Ideen für Projekte/Vorhaben entwickeln,
➤ kreative Ideen für Probleme finden,
➤ kreative Ideen für die Teamarbeit entstehen lassen.

Übungsverlauf:

Wenn Sie die Walt-Disney-Strategie mit einer Person durchführen wollen, gehen Sie folgendermaßen vor: Fragen Sie Ihren Klienten, welches Projekt er in Angriff nehmen möchte. Lassen Sie Ihren Klienten drei Stühle mit der Aufschrift „Träumer", „Kritiker" und „Realist" im Raum verteilen. Danach lassen Sie ihn einen Beobachtungspunkt finden, zu dem Sie beide während der Übung mehrmals zurückkehren. Gehen Sie nun mit Ihrem Klienten in den Raum des Träumers – erinnern Sie Ihren Klienten noch einmal an sein Projekt. Lassen Sie ihn auf dem Stuhl des Träumers Platz nehmen und fordern Sie ihn auf, sich die schönsten Träume zu seinem Projekt auszumalen. Lassen Sie sich diese Phantasien erzählen und fordern Sie zu noch schöneren Phantasien auf. Achten Sie darauf, dass Ihr Klient in der Traumposition bleibt.

Haben Sie genug Informationen in der Träumerposition erhalten, gehen Sie zurück zur Beobachterposition. Gehen Sie nun gemeinsam in die Position des Kritikers. Lassen Sie Ihren Klienten auf dem Stuhl des Kritikers Platz nehmen und hören Sie sich an, was Sie auf dieser Position erfahren. Danach begeben Sie sich wieder auf die Beobachterposition. Mit den Ideen, die der Träumer und der Kritiker zu dem Projekt hatten, gehen Sie jetzt mit Ihrem Klienten auf den Stuhl des Realisten. Lassen Sie sich auch hier alle Informationen geben. Unterstützen Sie Ihren Klienten und fragen Sie nach, ob er Kontakt zu den einzelnen Charakteren hat und ob wirklich alle Informationen zusammengetragen wurden.

Nachdem Sie alle drei Stühle besucht haben, gehen Sie zu Ihrer Ausgangsposition zurück. Hier lassen Sie Ihren Klienten noch einmal auf alle drei Positionen schauen und hören zu, ob alle drei Positionen mit der „neuen Idee" zufrieden sind. Ist dies nicht der Fall, gehen Sie einfach zu den Positionen zurück, die die Einwände haben. Wechseln Sie solange zwischen den Positionen und der Beobachterposition hin und her, bis alle Parteien einverstanden sind. Fragen Sie immer wieder nach, ob jetzt alle Teile „Ja" sagen. Ist dies der Fall, ist der Prozess abgeschlossen. Fragen Sie Ihren Klienten noch, ob er genügend Informationen erhalten hat und schließen Sie damit den Prozess ab. Lassen Sie Ihren Klienten die Zettel des Träumers, des Realisten und des Kritikers einsammeln und bedanken Sie sich für die Mitarbeit.

Diese Strategie lässt sich auch mit einem gesamten Team vollziehen, wenn ein neues Projekt geplant ist. Hier gehen Sie dann einfach alle gemeinsam in den Raum des Träumers, des Kritikers und des Realisten. Bewerten Sie die Ideen erst nach Abschluss aller drei Phasen. Tragen Sie alle Ideen der einzelnen Phasen zusammen und arbeiten Sie dann weiter.

> *Zusammenfassung:*
>
> *NLP geht davon aus, dass uns jedes Problem einen Hinweis geben möchte. Die Kunst liegt darin, diese positive Absicht mit unserem Problemlösungsrepertoire herauszuarbeiten und in ein Ziel zu verwandeln. Problemlösungsstrategien können auch in Teams und Gruppen angewendet werden, um die Kreativität zu erhöhen und um neue Ideen und Projekte zu entwickeln.*

11. Das soziale Panorama

Durch die Arbeit mit dem Handwerkszeug des NLP sind wir in der Lage, innere Landkarten in uns und in anderen zu verändern. Die Idee des NLP, dass jeder Mensch unterschiedliche innere Landkarten besitzt, ist von dem Sozialpsychologen Lucas Derks noch um eine neue interessante Dimension erweitert worden. Oft wundern wir uns in der Arbeit darüber, wie sich Menschen häufig ähnliche Situationen schaffen, die sie eigentlich vermeiden wollten. Es scheint wie ein Gruppenmuster, das sie mit unterschiedlichsten Personen stets neu kreieren. Es scheint wie ein Feld, das sie immer wieder neu erschaffen. Doch wie machen sie dies? Es wirkt so wie in einem Theaterstück, wo sie den Personen nonverbal Regieanweisungen geben.

Die Theorie des sozialen Panoramas erklärt dieses Phänomen. Durch unsere Erlebnisse und unsere Geschichte haben wir ganz bestimmte innere geistige Landkarten in uns entwickelt. Diese Landkarten beziehen sich auf unsere sozialen Beziehungen. Sie beziehen sich darauf, wie wir Kontakt zu anderen Menschen herstellen und was für eine Art Kontakt es sein wird. Wie verhalten wir uns in einer Gruppe? Wieso treten wir in der einen Gruppe anders auf als in der anderen?

Oft reproduzieren wir Bilder früherer Erfahrungen. Manchmal wiederholen wir die Muster, die wir in unseren Familien als Gruppenerfahrungen erlernt haben, oder andere wichtige Teamerlebnisse, die wir hatten.

Wir haben sozusagen innere Bilder menschlicher Beziehungsmuster in uns. Dies bedeutet, dass wir diese Muster, da sie uns bekannt sind, gerne wiederherstellen.

Diese Muster können zum Beispiel Familienstrukturen, Machtverhältnisse und Autoritätsstrukturen widerspiegeln. Wenn ich diese „alten" sozialen Beziehungsmuster bestehen lasse, können sich meine Erfahrungen wiederholen. Ich kann diese Muster jedoch auch verändern und mir zum Beispiel meine Angst vor Autoritätspersonen nehmen. Arbeite ich im sozialen Bereich, kann es sehr hilfreich sein, wenn ich meine Position in Gruppensituationen verändern kann. Ich kann beginnen, meine Position in Gruppen neu zu definieren, indem ich meine eigene Position neu schaffe.

Die Theorie geht davon aus, dass wir unsere sozialen Muster im Raum aufstellen können (angelehnt an die Familienaufstellungen von Bert Hellinger). Jeder Mensch hat zum Beispiel bestimmte Positionen für seinen Partner im Raum oder für seine Familie und Freunde. Manche Menschen haben den Partner vor sich, manche hinter sich, andere in einem Meter Abstand, wieder andere noch weiter weg. Diese Positionen sagen eine Menge über uns und unsere Erfahrungen und unser Erleben aus. Sie spiegeln unsere geistigen Landkarten unserer sozialen Beziehungen wider. Verändern wir unsere sozialen Beziehungen, verändern wir den Raum um uns. Mit dieser Idee des sozialen Panoramas erweitert sich die Dimension des NLP. Es ist wie eine weitere neue Landkarte, die es zu entdecken gibt. So lässt sich NLP mit vielen bereits bekannten Theorien verbinden, wodurch neue Herangehensweisen, neue Ideen und neue Chancen entstehen. (Siehe hierzu Lucas Derks: „Das Spiel sozialer Beziehungen". Weitere Literatur finden Sie im Literaturverzeichnis!)

Zusammenfassung:

Das soziale Panorama geht davon aus, dass Menschen ihre soziale Welt als Muster in sich tragen. Gruppen- und Teamerfahrungen können durch „Aufstellungen" bewusst gemacht und verändert werden, so dass sich soziale Beziehungsgefüge verwandeln können.

12. Wünsche/Ausblick

"... und er weiß, dass die Welt ein kleines bisschen reicher ist, weil er da ist", erzählt die Fee den jungen Zauberern im Unterricht. "Und er glaubt an seine Fähigkeiten. Er ist in der Lage, um Hilfe zu bitten, und weiß um seine Entscheidungsfähigkeit und glaubt an die Kraft in sich selbst. Sich selbst wert zu schätzen, ist für ihn einfach, und dadurch kann er andere Menschen in ihrem Wert wahrnehmen und achten. Er kann Hoffnung und Zuversicht ausstrahlen." "Aber wer ist es, von dem ihr redet, wie heißt dieser große Magier?", fragen die jungen Zauberer. Die Fee lächelt leise und sagt: "Es ist der Magier in jedem Einzelnen von euch, den einige schon gefunden haben und den andere noch entdecken werden."

NLP öffnet eine weitere Schatzkiste der Kommunikation und macht Sprach-, Handlungs- und Denkmuster verständlich und veränderbar.

Ich wünsche mir, dass dieses Buch Sie angeregt hat, über sich und Ihre Arbeit nachzudenken, vielleicht in einer Art und Weise, die neu war für Sie. Ich freue mich, wenn ich Sie anregen konnte, die Übungen des NLP auszuprobieren und ich Ihnen damit neue Elemente für Ihre Arbeit bringen konnte. Ich wünsche mir, dass Sie Ihren Handwerkskoffer aufgefüllt haben mit vielen neuen Komponenten, die Ihre Arbeit bereichern. Ich hoffe, Sie haben Ihre Qualitäten und Kompetenzen in der Arbeit entdecken können und sind neugierig geworden, noch mehr zu erfahren. NLP bietet noch eine Vielfalt an Möglichkeiten für die Arbeit im sozialen Bereich. Ich wünsche mir, dass Sie erfahren haben, was alles möglich ist und welche Stärken und Talente in Ihnen und Ihrer Klientel bereits stecken.

Mit NLP wird es immer wieder neue interessante Landkarten zu bereisen geben. Ich hoffe, ich konnte Ihnen einen kleinen Einblick in die Vielfalt des NLP geben.

Ich wünsche Ihnen viel Glück, viel Freude und viel Erfolg in Ihrer Arbeit und viel Spaß bei all den schönen Entdeckungen, die noch auf Sie warten.

Ausblick

NLP bietet eine Menge gutes Handwerkszeug für den sozialen Bereich.

Ich würde mich freuen, wenn Sie mit mir Ihre Erfahrungen über NLP in der sozialen Arbeit teilen. Wo setzen Sie NLP ein und was ist für Sie besonders interessant und hilfreich? Schreiben Sie einfach an:

Caroline Kohlmey
Lohmeyerstr. 9
D – 10585 Berlin

Oder senden Sie eine eMail an:
ckohlmey@gmx.net

Hier erhalten Sie auch Informationen zu meinen laufenden Seminaren und Vorträgen.

Glossar: NLP-Begriffe und andere Fachwörter

Anker: Mit einem Anker beschreibt man im NLP einen Reiz, der eine bestimmte Reaktion hervorruft. Es gibt natürliche und künstliche Anker. Im NLP nutzt man die Möglichkeit, bewusst bestimmte Reaktionen zu ankern und damit abrufbar zu machen.

Auditiv: Auditiv bezeichnet das Hören und beschreibt ein Sinnessystem im NLP.

Augenbewegungsmuster: NLP hat herausgefunden, dass bestimmte Augenbewegungsmuster Denkprozesse begleiten und Hinweise auf Repräsentationssysteme geben können.

Assoziiert/Dissoziiert: Ich befinde mich in einem assoziierten Zustand, wenn ich an einer Situation beteiligt bin. Im Gegensatz dazu bezeichnet der dissoziierte Zustand eine Situation, wo ich mich aus dem Geschehen auf eine Beobachterposition zurückziehe.

Filter: Unsere Wahrnehmungsfilter schützen uns vor den vielen Reizen, die tagtäglich auf uns einströmen. NLP unterteilt diese Filter in den biologischen, den sozialen und den individuellen.

Glaubenssätze (beliefs): Sie bezeichnen die Überzeugungen, Meinungen und Wertungen, die jeder Mensch von sich und der Welt entwickelt hat.

Gustatorisch: Beschreibt ebenfalls ein Sinnessystem, und zwar den Geschmack.

Kalibrieren: Kalibrieren meint, den Zustand einer Person durch ihre nonverbalen Signale zu erkennen. Welcher Eindruck zeigt sich im Äußeren der Person und mit welchem inneren Zustand ist er verbunden?

Kinästhetisch: Dieses Sinnessystem beschreibt die Körperempfindungen und die unterschiedlichsten Arten von Gefühlen.

Kommunikation: Kommunikation beschreibt sämtliches Verhalten in zwischenmenschlichen Situationen. (Paul Watzlawick)

Meta-Modell: Das Meta-Modell ist ein Modell von Sprachmustern, das hilft, unklare Sprache mit gezielten Fragen zu entschlüsseln.

Meta-Position: Im NLP nennt man die Beobachterposition Meta-Position oder Dritte Position.

Milton-Modell: Im Milton-Modell wird Sprache sehr vage benutzt, um viel Raum für Interpretationsmöglichkeiten zu lassen. Dieses System hat seinen Namen von dem Hypnotherapeuten Milton Erickson.

Modellieren: Modellieren beschreibt den Prozess des Kopierens von guten Strategien, wo einzelne Teile so verändert werden, dass sie zu einem selbst passen. Beim Modellieren werden Denk- und Verhaltensmuster von erfolgreichen Modellen erlernt.

Neurologische Ebenen: Die neurologischen Ebenen beschreiben eine Hierarchie, die Gregory Bateson bei Prozessen des Lernens und der Veränderung entdeckt hat. Diese Ebenen sind die Umwelt, das Verhalten, die Fähigkeiten, die Glaubenssätze/Werte, die Identität und die geistige Zugehörigkeit (Spiritualität).

Neurolinguistisches Programmieren: NLP ist ein Modell davon, wie Menschen ihre Erfahrungen strukturieren. Es zeigt auf, wie Veränderungen machbar sind, und untersucht hierfür bereits erfolgreich gewesene Methoden und Persönlichkeiten.

Olfaktorisch: Olfaktorisch bezeichnet den Geruchssinn.

Ökologie-Check (Öko-Check): Beim Ökologie-Check überprüfe ich, ob meine Ziele und Veränderungsideen in meinem Gesamtsystem realisierbar sind.

Positive Absicht: Die positive Absicht hinter einem Problem zu entdecken dient dazu, herauszufinden, welche versteckten Informationen hinter einem Problem liegen. Welchen Gewinn hat das (negative) Verhalten?

Rapport: Rapport beschreibt eine Art Gleichklang, den Menschen miteinander herstellen können. Als NLP-Technik bezeichnet es das bewusste Herstellen von Vertrauen, Verständnis und Kooperation in einer Interaktion.

Repräsentationssysteme: Mit den Repräsentationssystemen bezeichnet das NLP die fünf Sinne Sehen, Hören, Fühlen, Schmecken und Riechen.

Ressourcen: Ressourcen (Hilfsmittel) sind Fähigkeiten, Talente, Zustände, Situationen, Menschen, Orte, Ereignisse, Gedanken usw., die mich positiv unterstützen und mich stärken.

Separator: Ein Separator ist eine Unterbrechung. Im NLP werden Separatorübungen gemacht, um z.B. negative Zustände zu unterbrechen.

Strategien: Eine Strategie ist ein Muster, ein Modell, bestimmte Dinge in einer bestimmten Reihenfolge, einer Schrittfolge auszuführen.

Submodalitäten: Submodalitäten sind Untereigenschaften. Sie beschreiben z.B. die genauen Eigenschaften von Bildern, Klängen und Gefühlen: wie hell, dunkel, warm und kalt oder tief und hoch.

Übungsverzeichnis

Seite

Als-ob-Rahmen	142
Arbeitswerteskala	115
Arbeitsprofil	122
Checkliste des Beraters beim Problemlösen	141
Drei Positionen	99
Meine Erfolge	93
Ein schöner Urlaubstag	67
Fragebogen	32
Glaubenssätze	119
In die Schuhe des anderen schlüpfen (Ich, Du, Meta)	97
Kamerateam	101
Kinesiologische Übungen	110
Lächeln	109
Lexikon	111
Meine Arbeitssituation	27
Meinen eigenen Berater fragen	145
Mein Schutzmechanismus	46
Mein persönlicher Schutzanzug	47
Meine Vision für das nächste Jahr	114
Mentorenmodell	143
Moment of Excellence	105
Motivationsanker	95
Ort der Ruhe (Sicherheitsanker)	107
Pace	110
Positive/negative Verstärker im Alltag	50
Positive/negative Verstärker im Beruf	53
Poweranker	108
Problemliste	137
Repräsentationssysteme	67
Ressource-Übung – Das fällt mir leicht	103
Ruhe-Anker	107

Separator 137
Stellenausschreibung 31
Vom Problem zum Ziel 137
Was denke ich über meine Klientel? 129
Walt-Disney-Strategie 147
Wo tanke ich auf 91
Zielsatz formulieren 139

Literatur

Einführungen in das NLP:
Genie Z. Laborde: *Kompetenz und Integrität: Die Kommunikationskunst des NLP*. Paderborn ⁴1998.
Alexa Mohl: *Der Zauberlehrling: Das NLP Lern- und Übungsbuch*. Paderborn ⁷2000.
Joseph O'Connor, John Seymour: *Neurolinguistisches Programmieren: Gelungene Kommunikation und persönliche Entfaltung*. Freiburg 1992.
Karsten Ritschl: *Der Geist des NLP: Neurolinguistisches Programmieren zum Kennenlernen*. Berlin 1996; Neuauflage bei Junfermann, Paderborn 2001.
Wolfgang Walker: *Abenteuer Kommunikation*. Stuttgart 1996.

NLP & Teamarbeit:
Brigitte Adriani, Ulrich Schwalb, Rainer Wetz: *Hurra ein Problem! Kreative Lösungen im Team*. Wiesbaden 1995.
Winfried & Fiona Bachmann: *Im Team zum Ziel: Die Entwicklung von Teamfähigkeit unter dem Blickwinkel von NLP und Lernender Organisation*. Paderborn 1997.

NLP & neue Problemlösungsstrategien:
Connirae & Tamara Andreas: *Der Weg zur inneren Quelle: Core-Transformation in der Praxis:* Neue Dimensionen des NLP. Paderborn ²1997.
Nelly Bidot, Bernard Morat: *NLP-Krisenmanagement: Schwierige Situationen in den Griff bekommen und neue Handlungsspielräume gewinnen*. Freiburg 1998.
Leslie Cameron-Bandler: *Muster-Lösungen: Lösungsmuster für alltägliche Probleme*. Paderborn 1992.
Leslie Cameron-Bandler, Michael Lebeau: *Die Intelligenz der Gefühle. Grundlagen der „Imperative Self Analysis"*. Paderborn ³1997.

Kommunikations- und Erfolgstraining:
Vera F. Birkenbihl: *Erfolgstraining: Schaffen Sie sich Ihre Wirklichkeit selbst!* Landsberg 1999.
Diess.: *115 Ideen für ein besseres Leben: Vera F. Birkenbihl antwortet auf Fragen von Lesern*. Landsberg 1999.
Diess.: *Kommunikationstraining: Zwischenmenschliche Beziehungen erfolgreich gestalten*. Landsberg 1997.
Vera F. Birkenbihl u.a.: *Zukunftsmanagement*. Offenbach 1999.

NLP & Energiemanagement:
Klaus Birker, Barbara Schott: *Energie tanken: NLP – Das Psycho-Power-Programm*. Reinbek 1997.

Anné Linden, Kathrin Perutz: *Kraftquellen erschließen – erfolgreich leben.* Freiburg 1999.
Barbara Schott: *Andere Wege wagen: NLP – Das Psycho-Power-Programm.* Reinbek 1994.
Diess.: *Gut drauf sein, wenn's schiefgeht: NLP – Das Psycho-Power-Programm.* Reinbek 1994.
Diess.: *Cool bleiben. NLP – Das Psycho-Power-Programm.* Reinbek 1993.
Ernest L. Rossi: *20 Minuten Pause: Wie Sie seelischen und körperlichen Zusammenbruch verhindern können.* Paderborn [4]1997.

NLP & spezielle Themengebiete:
Klaus Birker, Barbara Schott: *Prüfungsstreß ade: NLP – Das Psycho-Power-Programm.* Reinbek 1994.
Klaus Birker, Barbara Schott: *Den Job will ich haben! Die erfolgreiche Bewerbung. NLP – Das Psycho-Power-Programm.* Reinbek 1996.
Robert B. Dilts: *Modeling mit NLP. Ein Trainingsbuch zum NLP-Modeling-Prozeß.* Paderborn 1999.
Jay Haley: *Typisch Erickson. Muster seiner Arbeit.* Paderborn 1996.

Gedankenmanagement:
Chérie Carter-Scott: *Negaholiker: Der Hang zum Negativen: Wege aus der Blockade.* Frankfurt 1990.
Shad Helmstetter: *Anleitung zum positiven Denken: Ein praktischer Ratgeber zur Aktivierung Ihres Unterbewußtseins mit mehr als 2500 Suggestionsformeln.* Mannheim 1989.
Nihla Kohla: *Mir geht es gut: Wege zum positiven Denken.* Niedernhausen 1991.
Michael Mary, Henry Nordholt: *Change: Lust auf Veränderung.* Stuttgart 1993.
Nicole Schaenzler: *Positiv-Training – Der mentale Weg zum Erfolg.* München 2000.
Gerald G. Smale: *Die sich selbst erfüllende Prophezeiung.* Freiburg 1980.
Anthony Robbins: *Das Prinzip des geistigen Erfolgs: Der Schlüssel zum Power Programm.* München 1997.

NLP in der Beratungsarbeit:
Sally Chamberlaine & Jan Prince: *Schritt für Schritt in die Unabhängigkeit. Wie Sie Ihre Klienten aus der Co-Abhängigkeit führen können.* Paderborn 1998.
Evelyne Maaß & Karsten Ritschl: *Coaching mit NLP. Erfolgreich coachen in Beruf und Alltag.* Paderborn [2]1999.

Verschiedene Themengebiete der sozialen Arbeit:
Ulrich Deinert, Benedikt Sturzenhecker (Hg.): *Handbuch offene Jugendarbeit.* Münster 1998.
Gerd Gehrmann, Klaus P. Müller: *Management in sozialen Organisationen. Handbuch für die Praxis Sozialer Arbeit.* Berlin 1993.
Albrecht Müller-Schöll, Manfred Priepke: *Sozialmanagement: Zur Förderung systematischen Entscheidens, Planens, Organisierens, Führens und Kontrollierens von Gruppen.* Berlin 1991.
Martin E.P. Seligman: *Erlernte Hilflosigkeit.* Weinheim 1995.
Derss.: *Kinder brauchen Optimismus.* Reinbek 1999.
Hrsg. Deutscher Verein für öffentliche und private Fürsorge: *Fachlexikon der sozialen Arbeit.* Stuttgart 1980.

Kinesiologie:
Paul E. Dennison, Gail Dennison: *Brain-Gym.* Freiburg 1996.

NLP & Gruppenarbeit:

Lucas Derks: *Das Spiel sozialer Beziehungen: NLP und die Struktur zwischenmenschlicher Erfahrungen.* Stuttgart 2000.

Michael Luther, Evelyne Maaß: *NLP Spiele Spectrum: Basisarbeit. Übungen – Spiele – Phantasiereisen.* Paderborn ³1998.

Evelyne Maaß & Karsten Ritschl: *Phantasiereisen leicht gemacht: Die Macht der Phantasie.* Paderborn ²1998.

Diess.: *Teamgeist: Spiele und Übungen für die Teamentwicklung.* Paderborn ²1997.

Joseph O'Connor, John Seymour: *Weiterbildung auf neuem Kurs: NLP für Trainer, Referenten und Dozenten.* Freiburg 1994.

Gruppenarbeit:

Annette Reiners: *Praktische Erlebnispädagogik. Neue Sammlung motivierender Interaktionsspiele.* München 1993.

NLP & die Veränderung von Glaubenssystemen:

Robert B. Dilts: *Die Veränderung von Glaubenssystemen: NLP-Glaubensarbeit.* Paderborn ²1999.

NLP & Kreativität:

Robert B. Dilts, Tod Eppstein, Robert W. Dilts: *Know-how für Träumer: Strategien der Kreativität. NLP und Modelling. Struktur der Innovation.* Paderborn ²2000.

NLP für Führungskräfte:

Bertold Ulsamer: *Excellente Kommunikation mit NLP.* Speyer 1991.

Roman Braun: *NLP für Chefs und alle, die es werden wollen.* Wien, Frankfurt 2000.

Weiterführende Literatur zu verschiedenen Themengebieten:

Paul Watzlawick: *Anleitung zum Unglücklichsein.* München 1983.

derss.: *Menschliche Kommunikation: Formen, Störungen, Paradoxien.* Bern 1985.

Britta Busch, Walter Niesel, Bärbel Pegels-Niesel: *Bochumer Gesundheitstraining. Ein Trainingsprogramm zur Unterstützung der natürlichen Heilkräfte.* Teil I und II. Arbeitsgruppe Neurovegetative Funktionen. Ruhr Universität Bochum 1988.

Musikvorschläge für die Phantasiereisen:

Deuter: Wind & Mountain. Intuition Musik & Media.

Merlin's Magic: Reiki Musik. Windpferd Musik.

Oreade's Musikalische Traumreise: Oase der Harmonie und Entspannung. Das Beste aus dem Oreade Musikkatalog. Bell Records.

Sound of Silence 2: Musik zum Atemholen. (Klassik)

Personen- und Stichwortverzeichnis

Anker (natürliche/künstliche) 49ff, 58, 104ff
Auditiv 69, 71, 73, 94
Augenbewegungsmuster 71ff
Assoziiert 100, 155

Blamieren 87
Blockade 43
Bandler, R. 60f, 74
Bewerbungstraining 13
Brillen 117

Chomsky, N. 60f

Dissoziiert 100, 155
Drei Positionen 98ff

Erlernte Hilflosigkeit 129ff
Erickson, M.H. 59, 78f

Fehler 61, 85, 87ff
Filter 40ff, 75, 141f
Flexibilität 38, 55ff, 125
Fragetechniken 74ff

Gedankenmanagement 20, 82
Generalisierungen 75, 77ff
Glaubenssätze 73, 81, 118ff, 129
Grinder, J. 59f, 74
Gustatorisch 70, 94, 155
Guter Zustand 14, 17, 94f, 109f
Grundannahmen 60f

Hindernisse 37, 42, 61, 83, 87, 136

Innerer Dialog 72f

Kalibrieren 43, 155
Kinästhetisch 70, 74, 125, 155
Kinobesuch 101f
Klientel 21, 31, 49, 63f, 79, 88, 96f, 101, 122, 128ff, 135, 141, 143, 146, 152
Kommunikation 19, 62, 66, 74f, 152
Kritik 31, 79f, 147f

Landkarten 42, 60f, 66f, 69, 80, 99, 117, 141, 151
Lernen 61, 85ff, 120, 129f, 139

Managertrainingsprogramme 15, 81, 89
Mentorenmodell 143
Meta-Modell 74f, 77ff
Milton-Modell 78ff
Modellieren 60f, 117, 122f
Moment of Excellence 104ff, 134
Musterunterbrechung 138f

Neurologische Ebenen 121
Nominalisierungen 77ff

Olfaktorisch 70, 94
Optimismus 38, 132ff
Ökologie-Check 45, 134, 139

Pawlow, I. 49
Positives Denken 83f
Problemlösungsstrategien 20, 62, 141f
Positive Absicht 61, 136f, 139f, 149

Rapport 15ff, 56, 59, 63ff, 141
Reiz-Reaktionsmuster 49
Repräsentationssysteme 66ff, 80, 140
Ressourcen 26, 62, 80, 103ff, 140f

Satir, V. 59, 74, 129
Selbstmanagementtraining 81ff
Selbstschutz 18, 31, 37f, 45ff, 58
Separator 100, 137f
Seligman, M. 88, 133f
Sich selbst erfüllende Prophezeiungen 125ff
Sozialarbeiterprofil 115ff
Soziale Arbeit 13, 18f, 24f, 39, 115f
Soziales Panorama 150f
Strategie 20, 50, 59f, 62, 80, 84, 101, 103, 117, 123, 125, 133f, 136f, 141ff, 147
Submodalitäten 134

Tilgungen 75, 77

Untereigenschaften 133, 156

Verstärker 50ff, 90ff, 103f
Verzerrungen 76ff
Visuell 70ff, 94, 140
Vom Problem zum Ziel 137f

Wahrnehmung 15ff, 37f, 39ff, 58, 61f, 66, 69f, 80, 96f, 141
Walt-Disney-Strategie 20, 147ff
Wahrnehmungskanal 71f
Werte 115ff, 122f

Ziele 15ff, 80, 84, 87, 113ff, 123, 137ff
Zuversicht 17ff, 31, 38, 56, 118, 127, 130f, 150

Notizen

Notizen

Notizen

 # NLP in Österreich

Österreichisches Trainingszentrum für NLP

2 Tage Einführungs-, 5 Tage Intensivseminare
30 Tage Practitioner-, 27 Tage Master Practitioner-Kurs
NLP-Professional für Coaching, Mediation und Supervision
Staatlich anerkannte Ausbildung zum Lebens- und Sozialberater
Psychotherapeutisches Propädeutikum –
12-Monate-Intensivkurs

Anerkannt vom
Neuro-Linguistischen Dachverband Österreich (NLDÖ) und der European Association for Neuro-Linguistic Psychotherapy (EANLPt)

Dr. Brigitte Gross, Dr. Siegrid Schneider-Sommer,
Dr. Helmut Jelem, Mag. Peter Schütz

A-1094 Wien, Widerhofergasse 4
Tel: +43-1-317 67 80, Fax: +43-1-317 67 81-22
eMail: info@nlpzentrum.at, Homepage: http://www.nlpzentrum.at

---

e:works

intelligenter arbeiten. besser leben.

Siekerwall 15 • 33602 Bielefeld
fon 0521-174135 • fax 0521-174162
info@e-works.de

e:works bietet internetbasierte Trainings und Beratung.
www.e-works.de

Das Wesen der Supervision

256 Seiten, kart.
DM 44,–
ISBN 3-87387-381-8

„Meine Bemühungen, das stillschweigende Wissen der praktizierenden Supervisoren ans Tageslicht zu bringen, wurden von Menschen mitgestaltet, mit welchen ich in den letzten 20 Jahren in Forschung, Praxis und Unterricht zusammengearbeitet habe. Diese, aus meinen Erfahrungen gewonnenen Erkenntnisse zusammenzufügen ist das Ziel dieses Buches. Ich versuche, die relevanten und entscheidenden Fragen zur Supervision in den Vordergrund zu stellen, Fragen, die über die flüchtigen Gedanken meiner eigenen Überlegungen hinausgehen.

Bei dem Versuch, eine Synthese aus Forschung und praktischem Wissen über Supervision zu bilden, habe ich nach Beispielen und Modellen gesucht, die für Supervisoren unmittelbar praktikabel und relevant sind.

Für mich liegt das große Potential der Supervision darin, die Verbindung zwischen wissenschaftlich gewonnenen Erkenntnissen und praktischer Erfahrung explizit aufzuzeigen."
– *Elizabeth Holloway*

Den Schwerpunkt dieses Buches bildet Elizabeth Holloways Modell für die Ausbildung und Praxis der Supervision. Es ist das Ergebnis ihrer Arbeitserfahrungen mit praktizierenden Supervisoren und Ausbildern in allen Teilen der Welt.

„Das vorliegende Buch von Elizabeth L. Holloway ist in vielfacher Hinsicht beachtenswert. Seine Übersetzung ist ein Gewinn für die Supervisionsszene im deutschsprachigen Bereich."
– *Prof. Dr. Hilarion Petzold*

Elizabeth Holloway ist seit vielen Jahren in Forschung, Lehre und Praxis der klinischen Supervision tätig. Sowohl auf nationaler als auch auf internationaler Ebene leitet sie professionelle Ausbildungsprogramme.

**JUNFERMANN VERLAG • Postfach 1840
33048 Paderborn • Telefon 0 52 51/13 44 0**

Hilfe, keiner versteht mich!

164 Seiten, kart.
DM 29,80
ISBN 3-87387-371-0

Ein wesentlicher Schritt zum Erfolg in und mit der Arztpraxis ist der „gute Draht zum Patienten". Wie oft reden wir in unserem Alltag aneinander vorbei, ohne es sogleich wahrzunehmen. Wir merken es meist erst, wenn es zu spät ist, wenn es aufgrund von Mißverständnissen zu einem Abbruch der Verständigung kommt.

Es geht in diesem Buch zum einen darum, ein Bewußtsein zu schaffen, was bewußte Kommunikation sein kann, wie viel Freude und Zufriedenheit sie für den einzelnen entwickeln kann, und daß daraus ein anderes Denken entsteht. Zum anderen werden einige spezielle Themen und Techniken aus dem vielseitigen Gebiet des NLP herausgegriffen, die jeder an sich selbst sofort anwenden und nach einigem Üben auch wirkungsvoll in der Praxis einsetzen kann.

Mit Hilfe der in diesem Buch vorgestellten Techniken und Interventionen werden deutliche Vorteile gegenüber „Mitbewerbern" erreicht. NLP ist sinnvoll für alle, die mit sich selbst und anderen besser umgehen möchten und die in heilenden, beratenden, helfenden und pflegenden Berufen arbeiten.

Dr. med. Bettina Griepentrog-Wiesner, geb. 1955 in Berlin, Fachärztin für Allgemeinmedizin, hatte mehr als zehn Jahre ihre eigene Arztpraxis mit Schwerpunkt Psychosomatik und Naturheilverfahren, arbeitet heute als NLP-Trainerin, Gesundheitsberaterin und Coach in Mexiko und Deutschland. Seit 1993 führt sie Seminare im Gesundheitswesen durch.

**JUNFERMANN VERLAG • Postfach 1840
33048 Paderborn • Telefon 0 52 51/3 40 34**

NLP im kompakten Überblick

268 Seiten, kart.
DM 39,80
ISBN 3-87387-336-2

Das Wörterbuch des NLP beschreibt in ca. 350 (z.T. umfangreichen) Stichworten die wichtigsten Begriffe und Techniken des NLP. Bei jedem Terminus finden sich Querverweise zu anderen Stichworten.

Es bietet Anfängern eine Erstorientierung über grundlegende Begriffe des NLP. Fortgeschrittene nutzen es als Nachschlagewerk, und NLP-Experten finden hier klare Definitionen und einen breiten Überblick über viele Aspekte des NLP. Im Wörterbuch werden theoretische Hintergründe und Zusammenhänge in einer kompakten Form dargestellt.

Walter Ötsch ist a.o. Universitäts-Professor für Volkswirtschaftslehre an der Johannes-Kepler-Universität Linz. Er beschäftigt sich u.a. mit der Geschichte des wirtschaftlichen Denkens und mit dem Wandel kultureller Überzeugungen und der Alltags-Wahrnehmung. Walter Ötsch ist NLP-Lehrtrainer der Linzer Akademie für NLP und coacht Führungskräfte in Wirtschaft und Politik.

Thies Stahl, Jahrgang 1950, Dipl.-Psych. seit 1976, Ausbildung in Gesprächspsychotherapie, Gestalt- und Familientherapie, Hypnose und NLP, selbständiger Psychotherapeut seit 1977, NLP-Ausbilder seit 1980, Herausgeber und Autor von NLP-Veröffentlichungen.

**JUNFERMANN VERLAG • Postfach 1840
33048 Paderborn • Telefon 0 52 51/3 40 34**

Miteinander statt gegeneinander

240 Seiten, kart.
DM 44,–; EUR 22,50
ISBN 3-87387-437-7

Rudolf Sanders

Partnerschule
... damit Beziehungen gelingen
Grundlagen – Handlungsmodelle – Bausteine – Übungen

Erprobte Wege in Eheberatung und Paartherapie

Parallel zur steigenden Zahl der Scheidungen läßt sich eine ebenso steigende Tendenz feststellen, daß Paare mit Hilfe einer Eheberatung ihre Probleme lösen wollen. Dabei geht es darum, die eigene Ehe so zu gestalten, daß sie für beide ein Zugewinn wird und daß beide gern wieder miteinander zusammenleben wollen. Den Weg dazu zeigt der Autor in der „Partnerschule" auf. Er entwickelte dieses Verfahren zur Klärung und Bewältigung von Partnerschaftskonflikten an einer Eheberatungsstelle. Zunächst werden Grundlagen aufgezeigt, die verstehen lassen, warum Paare miteinander Schwierigkeiten haben und wo diese ihre Ursachen haben. An konkreten Beispielen wird dem Leser geschildert, wie Paarseminare angelegt sind. Eine Fülle von praktischen Übungen rundet das Buch ab. Eine Fundgrube für all diejenigen, die Paare auf ihrem Weg zu einer erfüllten Partner-schaft begleiten.

Dr. Rudolf Sanders, Dipl.-Pädagoge, seit 1990 Leiter der Ehe-, Familien- und Lebensberatungsstelle Hagen – Iserlohn – Menden. Autor des JUNFERMANN-Erfolgstitels *Zwei sind ihres Glückes Schmied* (1998). Herausgeber der neuen Fachzeitschrift *Beratung Aktuell*, die ebenfalls bei JUNFERMANN erscheint.

www.junfermann.de

JUNFERMANN • Postfach 1840 • 33048 Paderborn
eMail: ju@junfermann.de • Tel. 0 52 51/13 44 0 • Fax 0 52 51/13 44 44

Eine neue NLP-Technik

88 S., kart., mit CD
DM 44,–
ISBN 3-87387-314-1

Dieses Buch handelt von Erfolg – von Neugierde, Ernüchterung und Ausdauer. Von Phasen, die man zwangsläufig auf dem Weg zum Erfolg durchlebt! Vielen Menschen ist die chronologische Notwendigkeit dieser einzelnen Phasen nicht bewußt. Andere wiederum bleiben einfach „stecken" oder versuchen diese zu „überspringen". Beides führt nur äußerst selten zum angestrebten Ergebnis.

Dieses Buch und die beiliegende CD liefern den Lesern/Hörern das nötige Handwerkszeug, um jede der vier Phasen mit ruhiger Gelassenheit und Freude zu erleben und sich somit eine Motivations- und Lernstrategie von hoher Effizienz zuzulegen - den Neugier-Erfolgs-Loop.

Katja Dyckhoff arbeitet seit 1989 im Bereich NLP und Musik. Sie ist Mitinhaberin des Institutes NLP BONN (NLP-Ausbildungen wie Practitioner, Master etc.) und arbeitet als certified NLP-Trainerin in den Bereichen Management, Coaching, Stimmtraining und NLP-Therapie.

Klaus Grochowiak arbeitet seit 10 Jahren als Management-Trainer für namhafte deutsche Unternehmen, als NLP-Therapeut und -Trainer (Practitioner, Master, Trainers-Training) in freier Praxis. Er ist Autor des NLP-Standardwerkes „Das NLP Practitioner Handbuch" (JUNFERMANN 1995).

**JUNFERMANN VERLAG • Postfach 1840
33048 Paderborn • Telefon 0 52 51/3 40 34**

Wo du nicht bist, kann ich nicht sein!

232 Seiten, kart.
DM 39,80
ISBN 3-87387-374-5

Die Philosophie des Radikalen Konstruktivismus kann heute wohl als eine der Winner-Theorien angesehen werden. NLP etwa kann geradezu als „therapeutische Variation" des Konstruktivismus gelten.

Ein zweiter Blick aber zeigt, daß damit nur eine bestimmte philosophische Position die Oberhand behält, die ihre Gegenposition immer schon mitformuliert: Wir haben einen direkten Zugang zur Welt oder nicht! Die Geschichte kennt nur diese beiden, sich gegenseitig negierenden Antworten. Symptomatisch aber ist, daß der Streit seit altersher andauert, ohne in die eine oder andere Richtung entschieden worden zu sein. Das drängt die Frage auf: Müssen wir uns überhaupt entscheiden? Oder könnte das Problem nicht in diesem Zwang zur Entscheidung selbst liegen?

Klaus Grochowiak & Joachim Castella

Der leichte Tanz

Das neue Spiel der Selbst- und Weltmodelle

Die Autoren möchten dazu ermutigen, vermeintlich sichere Denkmuster zu verabschieden und eine neue Denkform einzuüben. Ausgehend von unseren persönlichen Alltagserfahrungen möchten sie schrittweise und behutsam das Bewußtsein für eine neue Form der Rationalität bereiten.

Klaus Grochowiak, geb. 1950; Studium der pol. Wissenschaften, Biologie, Mathematik und Philosophie an der FU Berlin. Ab 1985 Kommunikations- und Management-Trainings für namhafte deutsche Unternehmen. Certified bei R. Bandler, C. Hall und Master-Trainer der INLPTA.

Joachim Castella, geb. 1962, studierte Philosophie, Germanistik. Theologie und Pädagogik; Mitarbeiter von Rudolf Kaehr, dem führenden Vertreter der Polykontexturalitätstheorie. Er ist NLP-Master und lebt als Autor und Therapeut in Bochum.

**JUNFERMANN VERLAG • Postfach 1840
33048 Paderborn • Telefon 0 52 51/3 40 34**

Körper und Seele Gutes tun

144 Seiten, kart.
DM 29,80; EUR 15,24
ISBN 3-87387-364-8

Liebe, Gesundheit und Langlebigkeit sind aktuelle Themen. In zahlreichen Zeitschriften und Büchern finden wir immer neue Tips, die uns schnelle Hilfe versprechen. Wer etwas für seinen Körper, seine Seele und seine Gesundheit tun möchte, muß jedoch grundsätzlich seine Lebensweise überdenken.

Das vorliegende Buch ist ein äußerst praktischer Leitfaden, um mit Hilfe einer sinnvollen und sinnerfüllten Lebensweise Liebe, Gesundheit und ein langes Leben zu verwirklichen. Dem Autor ist es anhand von zahlreichen Übungen gelungen, eine für jeden Leser nachvollziehbare Synthese zwischen den geistigen Aspekten unseres Lebens und dem menschlichen Körper herzustellen. Ein schwebend leicht und fesselnd geschriebenes Buch, das theoretische Erkenntnisse lebendig in die Praxis umsetzt.

Luis Jorge González, 1942 geboren in Guadalajara (Mexiko), Karmelitermönch. Studium und Ausbildung in Theologie (Rom), Beratung und klinischer Psychologie (Mexiko), NLP-Ausbildung bei Robert Dilts und Todd Epstein. Er unterrichtet NLP in Mexiko, USA, Kenia und Tansania.

www.junfermann.de

JUNFERMANN • Postfach 1840 • 33048 Paderborn
eMail: ju@junfermann.de • Tel. 0 52 51/13 44 0 • Fax 0 52 51/13 44 44

Schritt für Schritt gesund und fit

356 Seiten, kart.
DM 44,–; EUR 22,49
ISBN 3-87387-408-3

Hilf dir selbst: Laufe!
Das Paderborner Modell der Lauftherapie und andere Modelle des Laufens

Alexander Weber (Hrsg.)

Mit den Befunden seiner wissenschaftlich begleiteten Lauf-Kurse an der Universität Paderborn legte Prof. Dr. Alexander Weber die Grundlage für Konzeption und Ziele der Lauftherapie. Regelmäßige ausdauernde Bewegung in richtiger Dosierung hilft, Alltagsstreß und Belastungen des Lebens besser zu bewältigen und zu kontrollieren. Lebensfreude und Vitalität kehren zurück, Krankheiten wie Asthma oder Osteoporose bessern sich durch gezieltes Training. Das sanfte Standard-Laufprogramm des Deutschen Lauftherapiezentrums e.V. bildet dabei eine Grundlage für den Erfolg. Dieses Modell und andere Bausteine der Lauftherapie werden in dem vorliegenden Buch anschaulich und mit vielen Beispielen dargestellt. Das Buch zeigt Wege, wie Menschen sich selbst auf einfache Weise wirksam helfen können, um ihr körperliches und seelisches Gleichgewicht wiederherzustellen, zu stabilisieren und zu erhalten.

Prof. Dr. Alexander Weber, geb. 1937, Pädagoge und Diplom-Psych., weithin bekannt als „Laufprofessor", Hochschullehrer an der Universität Paderborn. Gründer des Deutschen Lauftherapiezentrums e.V. (DLZ).

www.junfermann.de

JUNFERMANN • Postfach 1840 • 33048 Paderborn
eMail: ju@junfermann.de • Tel. 0 52 51/13 44 0 • Fax 0 52 51/13 44 44

Coaching fürs Leben

suchen, lesen, selbst veröffentlichen ...

www.active-books.de

active-books ist ein zukunftsweisendes Gemeinschaftsprojekt von Junfermann und e-works, Bielefeld.
Wie der Name schon sagt, dreht sich auf dieser Internet-Plattform alles um **e-books**:

Autoren können ihre Texte und Manuskripte hier online veröffentlichen und so einem breiten Interessentenkreis zugänglich machen. Für active-books bieten sich Manuskripte ab 10 Seiten Umfang an – natürlich sind auch Werke mit 300 Seiten möglich. Es kommen darüber hinaus vergriffene und nicht wieder aufgelegte Bücher oder bereits erschienene Zeitschriftenaufsätze in Frage, die dann über active-books einem deutlich breiteren Leserkreis zugänglich gemacht werden können. Skripte zu Seminaren können selbstverständlich ebenfalls hier angeboten werden. Wenn Sie Ihr Manuskript bei active-books veröffentlichen möchten oder noch weitere Fragen zum ePublishing bei uns haben, helfen wir Ihnen gern weiter. Senden Sie einfach eine eMail an sc@active-books.de.

Voraussetzung für die Veröffentlichung ist, daß Sie Ihr komplettes Manuskript elektronisch gespeichert haben.

Leser finden e-books zu „ihren" Themen – ganz einfach zum Download (in der Regel gegen Gebühr) auf ihre Festplatte. Wir haben viele interessante e-books im Angebot, u.a. von bekannten Autoren wie Thies Stahl, Prof. Dr. Barbara Schott, Thomas Rückerl, Gisela Blümmert, Leonhard Schlegel und Cora Besser-Siegmund – und es werden täglich mehr ...

Das Themenspektrum ist angelehnt ans Junfermann-Verlagsprogramm und umfaßt die Kategorien *Therapie, Business, Lernen & Pädagogik, Gesundheit & Wellness, Lebenshilfe* **und** *Brain & Mind*.

Sie haben Fragen, Anregungen, Feedback? eMail an sc@active-books.de genügt!